吕思勉手稿珍本叢刊

中國古代史札録

13

實業

錢幣一

吕思勉 著

第十三册目録

實業

實業提要

「實業」一類的札録，原有「實業（一）」和「實業（二）」兩包，「實業（一）」内又分五札，「實業（二）」内分六札。這兩包札録，大部分是先生從《左傳》《管子》《史記》《漢書》《晉書》《水經注》等史籍中摘出的資料，也有部分是讀《初民社會》《文化人類學》等新書和報刊雜誌所做的筆記。

吕先生的札録，天頭或紙角上常寫有分類名稱，如「實業（農）」「實業（工）」「商業」「實業（礦物）」等，有些也寫有題頭，如第二〇五、二六二頁「魏晉後巧思」「越人善水田」等。抄録的資料，詳略各有不同，有些節録或剪貼史籍的原文，有些僅在題頭下注明資料出處，如第九頁引《晉書》資料注見「百六2下、百十三6上」（即卷一〇六第二頁反面、卷一一三第六頁正面）。第一札中《晉書》《宋史》《齊書》和《南史》等資料，摘録時已做文字同異的比對。有些札録還加有按語，如第四九頁「畜牧之原」條，「勉案：古食犬，婦饋舅姑以特豚」。其他如第三四、一一九、一五八等頁，也有長短不一的按語。

「實業」各包，内有較多剪報資料，此次整理只收録了一小部分；札録中手稿部分，均按原樣影印刊出。

（實業）

一　鐵器代青銅器

最初非因硬度乃取其質ノ美ナルニ基キ故青銅器ニ先ダツ

其力而鐵器時代ノ初ハ青銅器ヨリ遲シ

但鐵器其方面ノ勝利ヲ即該ク鐵ノ實用ノ勝利

因其精錬生産力ヲ要スル事也

實業

晉書惠帝紀。太安二年十一月。……方……張方決千金堨。水碓皆涸。乃發王公奴婢手舂給兵廩。（四上）

又石苞傳……詔……以苞爲司徒。……苞奏州郡農桑未有賞罰之制。宜遣掾屬循行。皆當均其土宜。舉其殷最。然後黜陟焉。詔曰。……今使司徒督察州郡播殖。……若宜有所循行者。其增置掾屬十人。聽取王官更練事業者。（卅三上）

又子崇傳。有司簿閱崇水碓三十餘區。蒼頭八百餘人。他珍寶貨賄田宅稱是。（卅三下）

又宣五王傳（扶風武王駿）。鎮西大將軍。使持節。都督雍涼等州諸軍事。代汝

司馬駿鎮關中。……勸督農桑。與士卒分役。己及僚佐并將帥兵士等。人限田十畝。具以表聞。詔遣普下州郡。使各務農事。與

已上武帝時

晉書文六王傳。齊獻王攸傳。以比年饑饉。議所節省。攸奏議曰……今地有餘羨。而不農者衆。加附業之人。復有虛假。……宜嚴勅州郡。檢諸虛詐害農之事。督實南畝。……考績黜陟。畢使嚴明。……

已上咸寧

又魏舒傳……遲鈍質朴。不為鄉親所重。從叔父吏部郎衡。有名當世。亦不之知。使守水碓。[illegible]

又傅玄傳。泰始四年。以為御史中丞。時頗有水旱之災。玄復上疏

曰。……上便宜五事，其一曰。耕夫務多種而耕曠不熟，徒喪功力，而無收。又舊兵持官牛者，官得六分，士得四分。自持私牛者，與官中分。施行來久，衆心安之。今一朝減持官牛者，官得八分，士得二分。持私牛及無牛者，官得七分，士得三分。人失其所，必不懽樂。臣愚以爲宜佃兵持官牛者與四分，持私牛與官中分，則天下兵作懽然悅樂，愛惜成穀，無有損棄之憂。其二曰。以二千石雖奉務農之詔，猶不勤心以盡地利。昔漢氏以墾田不實，徵殺二千石以十數。臣愚以爲宜申漢氏舊典，以警戒天下郡縣，皆以死刑督之。……其四曰。古以步百爲畝，今以二百四十步爲一畝，所覺過倍。近魏初課田，不務多其頃畝，但務修其功力。

故白田收至十餘斛。水田收十斛。自頃以來。日增田頃畝之課。而田兵益甚。功不能修理。至畝數斛已還。或不足以償種。非與曩時異天地。橫遇災害也。其病正在於務多頃畝而功不修耳。竊見河隄謁者石恢。甚精練水事及田事。知其利害。乞中書召恢。委曲問其得失。必有所補益。（七頁下）

子咸……遷司徒左長史。時帝留心政事。詔訪朝臣政之損益。咸上言曰。……泰始元以暨于今。十有五年矣。而軍國未豐。百姓不贍。一歲不登。便有菜色者。誠由官衆事殷。復除猥濫。蠶食者多。而親農者少也。……一夫不農。有受其飢。今之不農。不可勝計。縱使五稼普收。僅足相接。暫有災旱。便不繼贍。以爲當今之急。先并官省事。

静本且税。上下同心。撫若是精也。

晉書段灼傳：武帝即位。灼上疏追理艾。艾鄧曰……艾本屯田掌犢人。宣皇帝拔之於農吏之中。顯之於宰府之職……留屯上邽。……艾則積穀彊兵。以待有事。是歲少雨。又為區種之法。手執耒耜。率先將士。所

又束皙傳：時歲凶旱。皙上議曰：今天下千城。人多游食。廢業占空。無田課之實。較計九州。數過萬計。可申嚴此防。令監司精察。一人失課。負及郡縣……又州司十郡。土狹人繁。三魏尤甚。而豬羊馬牧。布其境內。宜悉破廢。以供無業。業少之人。雖頗割徙。在者尤多。田諸菀牧。不樂曠野。貪在人間。故謂北土。不宜畜牧。此誠

不能。……可冀從訟牒。……使馬牛蕃羊。亂草於無實之田。游食之人。受業於[redacted]授給之地。……又如淮郡之寡澤。官田數千頃。游水停潴。人不耕種。閱其國人。皆謂直隸之功。不足為難。雖鹵咸而其利益重。而豪傍大族。惜其魚鹽之饒。攬說發長。繞於不破。……謂宜條下郡縣。以謀自今之計。劉楊兄議。汙泥之土。渠塘之宜。毋多此議。蓋不待天時。而每年可獲者也。……宜詔四州刺史。使謹按以聞。又責郡民。據王郡人。在陽平頓上累。今地繁盛。合五六千家。二郡田地遷徙。謂可徙遷西州。以充實土。閱六十年之後。以解重遷之情。……至延

晉書都說傳說此病。昔無車。及已。而劉東栽植。宗族無以市馬。乃

孜
於住堂北壁外假葬。每夕輒拜哭。養雞種蒜。禱其方術。表了
三年。日馬八匹。興樵到縣。負土成墳。（八八述）
晉七
孔愉傳。從子嚴。時東海王奕求海鹽錢塘以水牛牽埭。稅取錢直。
帝初從之。嚴諫乃止。事在哀帝時（七八述）
又隱逸傳。郭文……河内軹人也……洛陽陷。乃步擔入吳興餘
杭大辟山中窮谷無人之地。倚木於樹。苫覆其上而居焉……
區種菽麥。採竹葉木實。貿鹽以自供……食有餘穀。輒恤窮匱
（九四述）
又五李勢載記。時發役頻興。軍旅不息。加以久旱。穀貴。金一斤直
米二斗。……使令長率丁壯。隨山澤采橡捕魚。以濟老弱。而後

為種易以穫。不年所得食。」（氾勝之）
晉書苻堅載記：「堅以境內旱。課百姓區種。」（區種）
又「留先生子東海公陽與王橋子散騎侍郎陸謀反。事覺。……懷
告白。遂相臨終。託卿以十具牛為田。不聞為卿求信。卿子莫若
矣。可謂言之徵也。」（同上）　考證「風俗通。北俗三牛為一具。以
為一犁。」
又慕容皝載記「……先是遼川無桑。及廆通晉。求種江南。平州
桑悉由吳來。……」（同上）
又「馮跋載記」跋勵意農桑。勤心政事。乃下書。省徭薄賦。墮農者
戮之。力田者褒賞。命尚書紀達為之條制」又遣守宰。必親見東

董。閑爲政事之要。令相言多隱。以觀其志。相見輕鄙。競爲簡慢。……

……又下詔曰。今疆宇多虞。百揆寧輩。方思彰纖。而自今隨時

贊勢。緣令宗綸人足。不出雜事。崇稽之益。而主之本。此生力棄。人

未見其利。可令百姓人種桑一百株。柿二十株。（晉8下）

杜預疏論野食。見晉書食貨志。咸寧三年。晉26下

宋書孔覬傳。大明八年。覬自郢州行事。徵爲右衛將軍。尋除司徒

左長史。道存代覬爲後軍長史。江夏內史。時東土大旱。都邑

米貴。一斗將百錢。道存慮覬甚乏。遣吏載五百斛米餉之。覬呼

吏謂之曰。我在彼三載。去官之日。不辦有路糧。二郎至彼未幾。

那能便得此米耶。可載米還彼。吏曰。自古以來。無有載米上水

坊。於下出貴。乞於此借貸之。不候吏乃截米而去。此乃の[illegible]茶灶[illegible]

寶寄龍路官陳廣之謝錢語曰。大宗被鑄。嘗議致議。謂此宗山鄉

存。銅多利重。耕犁之為。叢時所用。の民競造。為害或多。……今

耕犁不用。米鑄麻久。錯治所置。多因成器。功難利厚。總其節之

資。蒼民不得。其耕耒之實。……罪語宜禁民鑄錢。……議曰。

……但廣州米山事總。若用日耗。銅既耗少。若亦稀貴。設若互一

千。則鑄之滅米。為之無利。雖令不行。……省閱取銅之處。總叢

用之道。……[illegible]（右五灶）

又言求付司[illegible]知。為始興大守。三年遷大使[illegible]川の方。前使郡孫

又言換益、韶、困山東陸三[illegible]……其三日。中宿縣俚民課銀一子丁

輸南稱半兩。尋此縣自不出銀。又俚民皆巢居鳥語。不閑貨易之宜。每至買銀。爲損已甚。又稱兩受入。易生姦巧。山俚愚怯。不辨自申。官所課甚輕。民以所輸爲劇。今若聽計丁課米。公私兼利。

（九二上）

宋書劉秀之傳：出爲廣陵太守。郡境邊海。無樹木。秀之課人種榆檟雜果。遂獲其利。（卅八上）

（四九上）齊史

又徐孝嗣傳：是時建連年虜動。軍國虛乏。孝嗣表立屯田。曰：……竊尋緣淮諸鎮。皆取給京師。費引既殷。漕運艱澀。聚糧待敵。每苦不周。利害之基。莫此爲急。臣比訪之故老。及經彼宰守。淮南舊田。觸處極目。陂遏不修。咸成茂草。平原陸地。彌望尤多。今邊備既嚴。成卒控寵。遂資饒足。近覽良疇。士多飢色。可為嘆歎。畢于使刺史二千石。行自懷內。隨地體勘。精求灌溉之原。審商凡稽之異。務郡邸成。主帥以下。兼多贊附幕。今水田種晚。方年荒麥〻〻二種。益異北土所宜。使人使之。不減稷稻。為劃之利。宜在夏時所欲先合。請即使得種変可繁。及到種。各有境規度。仍有所遺。別並重費。李可共事。田器耕牛。尤詳所備。歲終言最。好共列賞。此功見著。歷有經算。存據實效益。行江南自豐。種共閱讀。略不可計。李御史納。時帝已寢疾。兵事未已。竟不施行。

（四〇北）

史臣曰。——江左以來。不暇遠略。重臨知者。未嘗宿儉。〇郡縣守。懼等松崗。附立所殺。經歲引日。浚風澤水。賴漕粮

長。傾窖底之儲。居倉敖之粟。廣馬牛。尚深谷數。田積之要。恒

於江陵。鄧國周興。表述不周急。如吳氏列南廣。屯曲居水右。耗世

徐州大儉。而石積閣濟。皆轉車相償。可以待敵。考閣——於謝。

孫苗出陵增矣。（廿）

梁書良吏傳沈瑀。永泰之年。爲建德令。教民一丁種十五株桑。の

株柿。及梨栗。女丁半之。人咸歡悅。頃之成林。此（五三卅上）南史七十作

梁書元帝紀大同八年。三月。是月。於江州新蔡高塘立頌平屯。墾

佃穫田。（三卅上）

陳書[redacted]程靈洗傳。性好播植。躬勤耕稼。至於水陸所宜。刈穫早晚。

雖老農不能及也。此（十四下）南史亦作

南史循吏傳孫謙之為郡縣。常勤勸課農桑。務盡地利。收入常多於鄰境。（七十二上）

畝收百石五十石之誣（通鑑晉孝武帝太元七年）（[illegible]四上）

火耕。齊民要術耕田篇。凡開荒山澤田。皆七月芟刈之。草乾即放火。至春而開墾。……（一上）

耕法。齊民要術耕田篇（一上至二下）

百穀。齊民要術收種篇。楊泉物理論曰。粱者。黍稷之總名。稻者。溉種之總名。菽者。眾豆之總名。三穀各二十種。為六十。蔬果之實助穀各二十。凡為百種。故詩曰播厥百穀也。（一二下）

陰陽家不可要曲從之（齊民要術種穀篇[illegible]（一四上））觀視翻之（七二下）可知其迷信

冬藏雪汁。齊民要術種穀篇（一）2上 常雪令地保澤，勿令從風飛去（三）種葵2上 蔓

區田之法。齊民要術種穀篇（一）2上 種瓜有區種法（三）種瓜篇8上

稗備凶年。齊民要術種穀篇（一）氾勝之書曰：稗既堪水旱，種無不

熟之時，又特滋茂盛，易生蕪穢。良田畝得二三十斛。宜種之備

凶年。稗中有米，熟時擣取米炊食之，不減粱米。又可釀作酒。酒美釅尤

踰黍秫。魏武使典農種之，頃收二千斛，斛得米三（一）6上

四斗。大儉可磨食之。若值豐年，可以飯牛馬猪羊。

胡豆來自外國。又見高豌豆。齊民要術種豆篇（二）2上 種大蘭香。種蘭香（三）11上 胡桃。桃種

篇（四）2上 安石榴 安石榴篇（四）5上 楊梅 種篇（5上） 此外見人五穀果蓏菜茹非中國

物者篇則賈自云：聊以存其名目，記其怪異耳。十卷

莎木。齊民要術五穀果蓏菜茹非中國物者篇蜀志記巴。蕉樹

出麵。一樹出一石。正白而味似桄榔。出興古。（十 18上）

田中步道車道。齊民要術種瓜法。種法使川隴直。兩川微相近。兩川外相遠。中間通步道、外還兩川相近。如是作。次第經四小道。通一車道。凡一頃地中。須開十字大巷。通兩乘車來去。運輦。其瓜都聚在十字巷中。（三 7上）

芋蔓菁備凶年。齊民要術種芋法（二 9上）蔓菁（三 2上）養魚（六 11上）

畦種法。齊民要術種葵篇（三 1上）

栽樹法。齊民要術栽樹篇（四 1上）

鑛業（五）

晉書刑法志：及魏國建。……於是乃定甲子科，犯釱左右趾者，易以木械。是時乏鐵，故易以木焉。（卅卷）

又廣異傳：時南土多鐵礦，百姓乃從海道之廣州，刺史鄧嶽大開鼓鑄。諸夷因此知造兵器。（七三卷）嶽表陳。……夷人常伺隙，若知造鑄之利，將不可禁。

又陶璜傳：吳……用璜爲交州刺史。……滕脩數討南賊，不能制。璜曰：南岸仰吾鹽鐵，斷勿與市，皆壞爲田器。如此二年，可一戰而滅也。脩從之，果破賊。（五七卷）

又五行志：在李特未，涪陽城西北九里有石牛，[redacted]在青石䂬上。忽鳴，聲聞之千里。李特遣人打破兩耳及尾，鐵釘釘之。之晚，諸而果特死。

（[illegible]）

晉書劉曜載記：曜……寄共安。及書，敗子遠諫曰……今二陵之費。至以億計。以六萬夫百日作。所用六百萬功。（[illegible]）

又石季龍載記：咸康二年。使牙門將張彌徙洛陽鐘虡九龍翁仲銅駝飛廉于鄴。鐘一。沒於河。募浮沒三百人入河。繫以竹絙。牛百頭。鹿櫨引之。乃出。造萬斛舟以渡之。（[illegible]）

又赫連勃勃載記：以叱干阿利領將作大匠……阿利性尤工巧。然殘忍刻暴。乃蒸土築城。錐入一寸。即殺作者而并築之。……又造五兵之器。精銳尤甚。既成呈之。二匠必有死者。射甲不入。即斬弓人。如其入也。便斬鎧匠。又造百鍊剛刀。為龍雀大環。號

田古為往雇。……世莫珍之。廢鑄銅為大鼓、飛廉、翁仲、銅駝、龍
獸之屬。皆以黄金飾之。列於宮殿。萬凡殺工匠數千。以異器
物莫不精麗。（一〇七上）

晉書呂光載記：即序胡安據盜發張駿墓。……得真珠簏。琉璃榼。
白玉樽。赤玉簫。紫玉笛。珊瑚鞭。馬腦鍾。（一二二下）

又馮跋載記：初慕容熙之敗也。工人李訓竊寶而逃。貲至巨萬。行
貨於馬弘勤。……以訓為方略令。既而失志之士。書之於闕下
碣。馮素弗言之於跋。……出特原丨。李訓小人。污辱銓衡。可東
市考竟。（一二五上）弘勤更郡者書

又王渾傳：子濟。性豪侈。……帝嘗幸其宅。供饌甚豐。悉貯琉璃器

中。崔洪傳：洪口不言貨財，手不執珠玉。汝南王亮常讌公卿，
以琉璃鍾行酒。酒及洪，洪不執。亮問其故，對曰：慮有執而不達
之義。是晉時寶琉璃於西
晉書西陽王羕傳：付何百生鄙鎮要也。時關中饑荒，百姓相噉。加
以饑饉，金錢無用。穀力不能制，乃鑄銅人鐘鼎為釜器以易穀。
議此非之。蓋此以銅代錢也。
宋書武帝紀：義熙五年，大軍進廣固，即屠大城。超退保小城。於是
設長圍守之……乃方治攻具。城上人曰：汝不得張綱，何能為
也。綱者，超尚書郎，其人有巧思。會超遣綱稱藩於姚興，乞師
請救。……綱從長安還，泰山太守申宣執送之，乃升綱於樓上。

以示城門。〻〻莫不出兵。於是使衞大治攻具。（一九）使衞治攻具成。設計奇巧。飛樓木幔之屬。莫不畢備。堞上火石至矣。

至那國亡。（九上）

宋書武帝紀：永初二年正月，丙寅，斷金銀塗。（三五）

又己卯。禁喪事用銅釘。（三五上）

周禮別散木凡材皆可入用。宋書禮志（宋志□上）

宋書張茂度傳：子永。又有巧思。益爲太祖所知。紙及墨皆自營造。上每得永表啓。輒執玩咨嗟。自歎供御者了不及也。（五三上）

齊書劉休傳：宋末。上（高帝）造指南車。以休有思理。使與王僧虔共監試。（卅四下）

南书文学传载历祖父广绪。永明中为娄州刺史。……父梁州之资。家财千万。散施宗族。读书题名日宅。……之器。流传远近。今

庄

又祖冲之传：初宋武平关中。得姚兴指南车。有外形而无机巧。每行。使人于内转之。升明中。太祖（齐高帝）辅政。使冲之追修古法。冲之改造铜机。圆转不穷。而司方如一。马钧以来未有也。时有北人索驭驎者。亦云能造指南车。太祖使与冲之各造。使于乐游苑对共校试。而颇有差僻。乃毁焚之。（晋时杜预有巧思，造欹器，三改不成。）永明中。竟陵王子良好古。冲之造欹器献之。文惠太子在东宫。见冲之历法。启世祖施行。文惠寻薨。事又寝。……冲之解钟律。博塞当时独绝。莫能对者。以诸

冲之造出这许多东西。[illegible]以新巧精[illegible]。全凭有实事。觉不几。

葛亮有木牛流馬。乃造一器。不因風水。施機自運。不勞人力。又
造千里船。於新亭江試之。日行百餘里。於樂游苑造水碓磨。世
祖親自臨視。又特善算。……著……注九章。造綴述數十篇。（宮
二廿）南史七二列
梁書江革傳：……為魏人所執。魏徐州刺史元延明……時祖暅
同被拘執。延明使暅作欹器漏刻銘。革罵暅曰……（卌六注）則
魏亦有欹器
陳書徐世譜傳：領水軍。從司徒陸法和討景。與景戰於赤亭湖。
時景軍甚盛。世譜乃別造樓船拍艦火舫水車。以益軍勢。將戰
又乘大艦居前。大敗景軍。生擒景將任約。景退走。因隨王僧辯

攻郢州。世譜復乘大艦。臨其倉門。賊將宋子仙據城降。……高（陳）（武帝）祖之拒王琳。其水戰之具。悉委世譜。世譜性機巧。諳解舊法。所造器械。並隨機損益。妙思出人。（此甲三仕 [illegible]七下 南史）

二 孫瑒傳（又）巧思過人。為起部尚書。軍國器械。多所創立。（此甲廿五郭 卷七仕 十五史）

又高宗二十九王傳長沙王叔堅。乃為左道厭魅。以求福助。刻木為偶人。衣以道士之服。施機關。能拜跪。晝夜於日月下醮之。祝詛於上。（甲廿七仕）

南史王僧孺傳 侍郎全元起欲注素問。訪以砭石。僧孺答曰。古人當以石為鍼。必不用鐵。說文有此砭字。許慎云。以石刺病也。東山經。高氏之山多鍼石。郭璞云。可以為砭鍼。春秋美疢不如惡

石。脈子慎諸云。石。硃石也。李世無復傳焉。故以鐵代之耳。見九

以上

南史文學傳祖沖之子暅之……少傳家業。究極精微。亦有巧思。入神之妙。般倕無以過也。當其詣微之時。雷霆不能入。嘗(過)僕射徐勉。以頭觸之。勉呼乃悟。父所改何承天厤。時尚未行。梁天監初。暅之更修之。於是始行焉。……暅之子皓。……少傳家業。善算厤。(見下頁)

晉書杜預傳。周廟欹器。至漢東京猶在御坐。漢末喪亂。不復存。形制遂絕。預創意造成。奏上之。帝甚嘉歎焉。(卅四)

又石季龍載記。[illegible]上安詣方。五色紙在木鳳之口。鹿盧

周詳。狀若飛翔矣。（[illegible]）
子或戴傳韓詳。敵世祖。以鍛煎鐵用鐵多。不如鑄便。東冶今使侯
伯以鑄鐵鉎不合用。當否[illegible]。（四册另頁）

農業歷史

雙季稲。非有和暖常之地，夏季麥稲既穫更種晚稲至秋而穫也。一田內並種麥晚稲，早稲立夏前後插秧，晚稲小滿芒種後（此名二熟稲。雙季稲者）
插秧。早稲成熟即穫，晚稲留至秋間。麥晚稲生長遲速不同，無競
爭之弊。中熟稲介二者之間，不可用。全季或利麥稲，或利晚
稲，故亦易全荒。

增加生產之法。凡六：(一)擴充土地面積，(二)整理水利，(三)改良栽
培方法，(四)用肥料，(五)除災害病蟲，(六)改良品種。

肥料之用。增加地力。

深耕之利。擴張土壤中保藏肥料之區域；一增進土壤之保水
力之深入，不易蒸發。惟深耕宜以漸，否則表土與底土驟合，底土未

受光分之風化作用常攜有毒之亞酸化合物有碍植物之生

長害一層土肥養分形之与表土合一時表分不足害之土中

微生物一時不能多增害三也　初耕宜深三寸八分年增六

分至十年則深一尺　我國之耕僅用人畜力不過三寸半至

五寸耳

耕深則作物之根下向上下四旁充分尋延吸肥較多

稷農為官名神訓治。十三經詁答問二問李友條

螟或蟘賊蟊皆蝗。左隱五年螟疏

五穀者五行之穀。鄭天官疾醫注知此及官職方注不熟見討匿之

疏

世本云垂作銚。詩臣工疏

山處之國，常藏穀三分之一。汜下多水之國，常操國穀三分之一。山地分之國，常操國穀十分之三。水泉之所傷，水洪之國，常操十分之二。漏壤之國，謹下諸侯之五穀。與工雕文梓器以下天下之五穀。管子山至數

所謂諸侯飲鐘之國，粟十鍾而錙金；山諸侯之國，粟五釜而錙金。管子輕重乙

狼牡以至於馮會之日，龍夏以北至於海莊，禽獸羊牛之地也。管子山至數

有莞蒲之壤，有竹箭檀柘之壤，有汜下漸澤之壤，有水潦魚鼈之

讀管子　山國軌

齊多非穀所生之地。見管子輕重丁

牛耕不始于趙過。陔餘叢考十九

友以任得民。補同井相合耦鋤作。天官太宰九兩

天子籍田在南方南地。天官甸師

有年僅有年大有年大豐年　三　五　桓　五穀皆熟為有年大熟為大有

年穀　桓三　宣十六　未有虐　桓三疏

一災不書待無麥然後書無苗　莊七　水旱螟蝝皆以傷二穀乃書

然不書穀名至麥苗獨書者民食最重　解詁　災傷二穀以上書

災　以桓元　秋大水

麥者接絶續乏之穀，尤重之。月令仲秋乃勸種麥注。正義：前年秋
穀至夏絶盡，此年秋穀夏時未登……麥乃夏時而熟……
以謂閒民今時傭賃也。詩周頌侯彊侯以箋
鐵齒耙土乃東夷法。陔餘叢考十九
穄非稷。唐虞考信録：黍稷之稷，漢以來謂之粟，今北方名人謂
之穀，南方人亦呼為小穀。穄乃黍屬之不黏者……今北方讀
入為去聲，遂……稷……穄同音……但本草羣芳譜者不考
之古，遂誤以稷為穄

史記范雎蔡澤列傳説雎曰：大夫種……墾草入邑，辟地殖穀。
索隱：劉氏云。入，穡之也。謂招攜離散。之入城邑也。

土地博大，野不可以無吏；野無吏，則無蓄積。管子權修

歲有四秋。管子輕重乙衡有數爭節

地質及所宜物。見管子地員篇

各種地及其賦稅。見管子乘馬篇士農工商聖人先時地宜

業不可什移外。管子八觀篇觀實屋節

豫之三之一為小畝，三小畝為大畝。同上

用器與民食之關係。同上

五事。管子立政

稷長五穀異說。說文句讀禾部穀下

場圃。周官地官序官場人注：場。築地為墠。季秋除圃中為之。詩

六。九月築場圃。十月納禾稼。　場人疏：春夏為圃。秋冬為場。若場因圃而為之。……

社后土先嗇田畯勞農。詩小雅甫田以御田祖以穀我士女

一夫不耕或受之飢。見漢書食貨志賈誼之言。亦見賈子　呂覽

以為神農之教。大見文子

神農之教。一夫不耕見上條。在域十四云云籀錯引

三十畯為一部一夫主之。詩噫嘻鄭箋

田畯司嗇。今之嗇夫也。詩大田之畯至喜箋　國語一書農大

夫同承農用注農夫夫田畯也（一下）　東田畯見春官籥師

七月傳曰畯田大夫

實業

漢關中俗不好種麥　董仲舒之言見漢書食貨志（廿四上六）

橘官　漢地理志巴郡朐忍魚復

水肥可然　見漢志上郡高奴　須看王念孫說補注廿八下一頁

古之物產以屬廣並大乃生　漢書循吏傳（八九九）

木官　漢志蜀郡嚴道

湖官陂官　漢志九江郡

羞官交趾羸𨻻　圃羞官南海郡

黄業

漢志銅官 丹陽郡

又鐵官 鄭（京兆） 夏陽（左馮翊） 雍（右扶風） 漆（又） 弘農郡 宜陽（弘農）

皮氏 平陽 絳（河東） 以上 隆慮（河內） 河南郡

陽城（潁川） 西平（汝南） 宛（南陽） 皖（廬江） 山陽郡 沛

武安（魏） 都鄉（常山） 涿郡 千乘郡 千乘

東平陵（濟南） 歷城（又） 嬴（泰山） 臨菑（齊） 東牟（東萊）

琅邪郡 下邳（東海） 朐（又） 鹽瀆（臨淮） 堂邑

又　桂陽郡 宋祁曰部本作金官　沔陽 漢中　臨邛 蜀　武陽 犍為　南安 又　隴西郡　漁陽 漁陽　夕陽 右北平　平郭 遼東　盧奴 中山　郁秩 膠東　莒 城陽　東平國　魯 魯國　彭城 楚國　廣陵國　沛郡鐵官見貢禹奏上罷上逐

又鹽官　安邑 河東　大原　晉陽 大原　大陵 又　西河　堂陽 鉅鹿　章武 勃海　千乘郡　都昌 北海　壽光 又　曲成 東萊　東牟 又　㡓 又　昌陽 又　當利 又　海曲 琅邪郡　計

斤丈　長廣丈　海鹽稽會　臨邛蜀　南安犍
爲　連然益　朐忍巴　隴西郡　三水安定　弋居北地　獨
樂上　龜茲又　富昌西河　勉案西河郡有鹽
在縣其故必鹽官也　沃壄朔方　廣牧又　成宜
五原　樓煩雁門　泉州漁陽　海陽遼西　平郭遼東　番禺南
海　高要蒼梧　地理志鹽官有二十八郡鐵官有四十郡
文家馬友　太原　宜陽鐵官秦晉考證　三輔黃圖
鐵官見人百官公卿表又見上比

農業

農業々々家

好事蒐采　或移之家　或護以籬　進而

芟其莠草　進而移之近處　或知種子

何再生

犂耕、錢農之始

古代人類學 1925

元人長年楓

研辨物是述，則其稱

其楓也可要速而無稱，洞而捕此稼室

大農之利 見魯滂特金麵包略取

義平原有五百人年作八十日食五萬人 因收

穫又只一人所植之麥足食二百五十人此

一切耕芸皆備以列為之如軍隊然

尋常牧牛六十六萬頭需地五百萬英畝 一頭九英畝

此草豐饒之地減半養之集約耕作培養

甜菜根作為飲料 三十一萬英畝足矣

巴黎附近種家方百英畝人力既有不受氣候之拘

叢

叢藝園藝

鋤耕犂耕

見初民社會八十八頁

農為男事

在田畜力之役 或由犂耕 別於鋤耕 故園

藝農藝之別

農

新石器时代已有農業

中國考古学史頁58

實業（農）

種麥之家多在城郭。見後書伏湛傳（百六廿）葉

此亦堅壁清野之計。然則亦必非盡村居

則依附城郭而郊野多荒矣

候歲美惡之法。見漢書天文志（廿六下）史記貨殖

傳太陰在卯穰云云

五歲小康十歲一遇。三十歲而大康。蓋云大穰也。索子賈

憂民　三歲一飢　漢書天文志廿一　史記貨殖列傳六歲

蓄

穰云云　漢書律歷志凡四千六百一十七歲災歲五

十七　又食貨志世之有飢穰天之行也補注　韓邪為政

府兹補注　論衡明雩　鹽鐵論水旱

農業

犂

耕具中最要　有之則可深〻耕〻則苗易長難權　犂用牛或人力

農業之始

見往得科学大綱3下64葉

以獵為生人須地十六英方哩以牧為生人須地一英
方里

農民百分比 法三七一九二六年 德三〇一九二五年 美二
二〇一九三〇年

農

畜牧之原

一養雞廿 二養鴨廿 三知其所在而不獲之尚誒

要之用

其養之我由玩弄 我以之用之之廿 一曰食 二曰羽毛骨角 三曰力負重致遠之作耕作磨 四曰助獵

他物多由婦女攜大由男子

魁棄古食犬婦

錯男授以特豚

牧業

盛於草原

初以為獵業之副，則獵於一方範圍，當得而不遷徙，見雖得其飲，累累要每日之食

此意在守使然

馴服動物，其事稍難，自招以為男子之事

農

農業之興

在昔川滇域及湘鄂森林之地

初婦人為之　以伐木斫地　耕（代栽農業）與移

於男子

農業生計利用動物之力而[redacted]盛

至此男子權道之支配之事權補助與男

子之歸屬矣

匯

實業部匯業銀劃

廿六・三・二・閱立

農

農本局　黃季陸立

固定資金與合放貸金共六千萬元，由政府與銀行各認半數，五年撥足。並視客觀之需要如何，再隨時由該局，與銀行界協定流通貸金之多寡。合作金庫辦法業經頒布，暫定中央合作金庫貸金至少一千萬元，省合作金庫貸金至少一百萬元，縣合作金庫貸金至少十萬元。全國倉庫網亦已擬定計劃，即待完成，預定分甲，乙，丙，丁四級，統籌全國農產運銷。預計總容量爲二萬萬市担，共需經費一七，六二一，三四四元。均由農本局分別進行。

實業（工）

工業兩大階段。一工具發達之機器代興　工具發達古物學家人數學家考之詳矣

梅遜發明之始。社會科學史綱冊一頁68

工業

璧琉璃乃自然物見漢西域傳（九六上注）

工官　續漢書郡國志云工多者置工官主工税物

（廿八上）工官見漢地志注　懷河內　河南郡　潁川郡　宛南陽　東平陵濟南　泰山郡　奉高泰山　廣漢郡　雒廣漢　成都蜀

實業——工

慶封獻車於季武子，美澤可以鑑。左襄廿八 此髹漆

漆之見於書 八之十下

魏志杜畿傳注引先賢行狀 杜畿臨時服薄斂

書葬不漆 杜根棺不加漆，斂以時服（卅三之十下）

成二年，楚侵及陽橋。孟孫請往賂之以執斲、執鍼、[redacted]織紝皆百人。公衡為質以請盟。楚人許平。注：執斲，匠人。執鍼，女工。織紝，織繒布者。

工

「凡物無飾曰素」

擅弓萬以素器以生者有衷素之心也佢

中國古代工業

見章炳麟信史篇

工

溫溪造紙公司

廿六・六・二成立于上海　廠設浙江永嘉縣溫溪

造新聞報印刷用紙及木漿

籌備經過

主任籌備委員周詒春報告籌備經過云、查我國印刷書報圖籍、多購用外國木質紙張、每年輸入逾五千餘萬元、以我國之地大物博、尚未設有木材製紙工廠、坐視金錢外溢、殊屬非計、曩者政府雖曾極力提倡、而國人以設廠需欵甚鉅、籌資不易、久未實現、前據上海市書業同業公會呈請政府、就森林區域、由國營或官商合資設廠、自製木料紙、以應急需、實業部以滬市書業、對於造紙事業既甚關懷、倘官商通力合作、此項紙廠之設立、自較容易、爰即一面與該業領袖商洽合作辦法、一面派員並聘專家就國內產量豐富、品質適宜、以及交通便利各林區、進行調查、以爲設廠地點之準備、旋據報告、浙東溫州一帶、眞杉柳杉產量甚富、極適合於製造新聞紙之用、而龍泉・慶元・景寧等縣、山多田少、林木蓊鬱、多可用爲製紙材料、故就原料而論、非惟價廉物美、亦爲取之無盡之區、在距永嘉縣城九十華里之溫溪地方、山泉清澈、水質甚佳、陸通公路、水當大溪小溪之衝、拓地建廠、尤爲適宜、實業部以原料廠址、既無問題、於二十三年二月間、呈請行政院以實業部可借之英庚欵、撥爲創設紙廠之官股、當經提出第一四八次行政院會議通過後、將設廠計劃、送請管理中英庚欵董事會審核、是年秒、由實業部分別聘派籌備委員十餘人、組織籌備委員會、負責籌備進行、二十四年聘請英籍造紙專家施滌華・瑞典籍水力專家裘爾福氏作實地之查勘、對於原計劃略加修正、使臻完善、嗣爲求審愼起見、二十五年初將採取木材、運往瑞典國紙廠、詳加試驗、認爲製紙極好之原料、又將詳細計劃、送請中國工程師學會審議、頗承贊許、本年春、實業部周次長約同專家到溫溪等處復勘廠址與林區、均認爲滿意、至上月間、籌備委員會召開發起人會議、將公司章程酌予修正、即(一)原定中國造紙股份有限公司、名稱改爲溫溪造紙股份有限公司、(二)資本總額定爲三百二十萬元、官股佔一百五十萬元、商股佔一百七十萬元、商股超過定額時、將官股轉讓、以一萬股爲限、(三)公司創立時、呈准實業部將所借中英庚欵四百萬元轉借與公司、以公司全部財產爲担保、經實業部詳細復核、以公司名稱、資本與借欵方式各點、雖略有變更、但因資本之充足、設廠進行、尚屬便利、而營業前途、尤有展望、於徵得管理中英庚欵董事會之同意後、特檢同公司章程、提請行政院於三一二次會議通過、除將公司章程准予備案外、並令行財政部照撥經費一百五十萬元爲官股股本、現在官商股款、已照規定日期開始繳納、並訂期召開公司創立會、關於建廠購機等事項、以後均由公司辦理、所設溫溪紙廠籌備委員會、當即撤銷、至在籌備期內所用經費、自二十四年五月起至二十六年五月止、共計二萬四千零六十四元二角九分、大部份爲原料調查試驗及廠址鑽勘之用、其他如房租工資雜費等項、爲數較少、此項籌備數年之紙廠、自公司成立之後、定能在短期間完成、亦可爲之欣慰焉、

工

描金物出日本明曾派人往學

中日交通史下册頁265

二

琉璃

穆天子傳西征講疏 頁204

擬討言商業

韓詩外傳言制國用之道曰：「……國有所安，地有所宜，聖人制禾商賈，刻木為識，以通四方之物，使澤人足乎木，山人足乎魚，餘衍之財有所流。故豐膏不獨樂，磽确不獨苦，雖遭凶年饑歲，禹湯之水旱，而民無凍餓之色。故生不乏用，死不轉壑。」商業之功用，無數詳盡之矣。又曰：「王者之等賦正事，田野什一，關市譏而不征，山林澤梁以時入而不禁，相地而正壤，理道而致貢，萬物羣來，無有滯，以相通移。近者不隱其能，遠者不疾其勞，雖幽閒僻陋之國，莫不趨使而安樂之。夫是之謂王者之等賦正事。」此以生財與通移並言。致貢之理，亦與通商同矣。（三四 二三）

商

左昭元年韓曾曰………賈欲贏而惡囂乎。

初景公欲更晏子之宅曰子之宅近市湫隘囂塵不可以居請更諸爽塏者辭曰君之先臣容焉臣不足以嗣之於臣侈矣且小人近市朝夕得所求小人之利也敢煩里旅公笑曰子近市識貴賤乎對曰既利之敢不識乎公曰何貴何賤於是景公繁於刑有鬻踊者故對曰踊貴屨賤既已告於君故與叔向語而稱之景公爲是省於刑君子曰仁人之言其利博哉晏子一言而齊侯省刑詩曰君子如祉亂庶遄已其是之謂乎及晏子如晉公更其宅反則成矣既拜乃毀之而爲里室皆如其舊則使宅人反之且諺曰非宅是卜唯鄰是卜二三子先卜鄰矣違卜不祥君子不犯非禮小人不犯不祥古之制也吾敢違諸乎卒復其舊宅公弗許因陳桓子以請乃許之

春秋左傳　昭公三年

三左

商業

范獻子執羔趙簡子中行文子皆執鴈魯於是始尚羔○晉師將盟衛侯于鄟澤趙簡子曰羣臣誰敢盟衛君者涉佗成何曰我能盟之衛人請執牛耳成何曰衛吾温原也焉得視諸侯將歃涉佗捘衛侯之手及捥衛侯怒王孫賈趨進曰盟以信禮也有如衛君其敢不唯禮是事而受此盟也衛侯欲叛晉而患諸大夫王孫賈使次于郊大夫問故公以晉詬語之且曰寡人辱社稷其改卜嗣寡人從焉大夫曰是衛之禍豈君之過也公曰又有患焉謂寡人必以而子與大夫之子爲質大夫曰苟有益也公子則往羣臣之子敢不皆負羈絏以從將行王孫賈曰苟衛國有難工商未嘗

不爲患使皆行而後可公以告大夫乃皆將行之行有日公朝國人使賈問焉曰若衛叛晉晉五伐我病何如矣皆曰五伐我猶可以能戰賈曰然則如叛之病而後質焉何遲之有乃叛晉晉人請改盟弗許○秋晉士鞅會成桓公侵鄭圍蟲牢報伊闕

商

原商

集團内交易人與人間根本不大有關係

集團之間有使各部落風俗相接近之故

實務商業人民商業

一致罷弱　一切商實用　盡德討鴻之說

商

化居即貨居，亦即廢著

十三經詁答問一

賈

周官天官序官：賈八人。注：賈主市買，知物賈。大府：賈十有六人。玉府：賈八人。職幣：賈四人。典絲：賈四人。典婦功：賈四人。典枲：賈四人。

賈正

左昭廿五：臧會奔郈，郈魴假使爲賈正焉。注：魴假，郈邑大夫。賈正，掌貨物，使有常價，若市吏。

實之業——商

近市輕多詐所求古貽三

弦高犒秦師桑理救鄭穆公（僖卅三）

弦高讓之他（淮南人旨）（頁15）

史記秦紀始皇本紀附秦紀獻公立七年初行為市

（商業）

平準令署　和糴買　續漢百官志注（卅六上）

主通商事而清廉者　後漢孔奮（六一上）李恂（八一上）

均輸故　漢志千乘郡

商

宦官當主市

後漢書襄楷傳　楷上書言「天官宦者星不在紫宮而在天市，明當給使主市里也」（三十下卷）此乃后主

市易契

軍市

漢書（祭遵）傳　從征河北，為軍市令，舍中兒犯法，遵格殺之（二十卷下）

三國志潘璋傳　征伐止頓，便立軍市，他軍所無，皆仰給焉（十卷）

軍市租見漢書

馮唐傳言李牧

商

宋市舶司　抽分　博買

元市舶司　抽分等

中日交通史下册　頁六頁九

又106頁　又111頁

明勘合

又220至225頁　日本信牌見340 341 342 343

明代貿易情形

又頁270 271 272

商

日本對外貿易稅之始

見中日交通史下冊357 358 359 360 361頁

幕初本無稅稍收以給其

吏幕府又因宿市利厚而稍奪之且用一限

華人之居中國對西商可藉以參考

商

國產檢驗委員会

某年二月設置標准品級 是爲檢

驗色澤之茶 順兩之米

管子[redacted]揆度篇曰
百乘之國中而立市東西南北度五十里一日定慮二日定
載三日出竟五日而反百乘之制輕重毋過五日百乘為耕田萬頃為戶萬戶為
開口十萬人為分者萬人為輕車百乘為馬四百匹千乘之國中而立市東西南
北度百五十餘里二日定慮三日定載五日出竟十日而反千乘之制輕重毋過一
旬千乘為耕田十萬頃為戶十萬戶為開口百萬人為當分者十萬人為輕車千
乘為馬四千匹萬乘之國中而立市東西南北度五百里三日定慮五日定載十
日出竟二十日而反萬乘之制輕重毋過二旬萬乘為耕田百萬頃為戶百萬戶
為開口千萬人為當分者百萬人為輕車萬乘為馬四萬匹

又乘馬方六里命之曰暴五暴命之曰部五部命之曰聚
聚有市無市則民乏五聚命之曰某鄉四鄉命之曰[redacted]方官制也
官成而立邑五家而伍十家(?)而連五連而暴五暴而長命之
曰某鄉四鄉命之曰都邑制也

市吏。王僚使公子光傳：光欲謀殺王僚。未有所與。合議。陰求賢。

乃命善相者為吳市吏。子胥之吳。乃被髮佯狂。跣足塗面。

行乞於市。……吳市吏善相者見之。……與俱……見王。

行曰商，居曰賈。大宰九職。參肇牽車牛遠服賈則不然

商賈在野則貨財上流。管子權修

市不成肆，家用足也。管子權修

悅商販而不務本貨，則民偷處而不事積聚。……民偷處而不事

積聚，則囷倉空虛。管子八觀

與商人庸次比耦。庸次更代之義。王念孫說

賈人謀出荀罃。左成三。荀罃之在楚也。鄭賈人有將寘諸褚中

以出。既謀之。未行。而楚人歸之。賈人如晉。荀罃善視之。如實出己。賈人曰。吾無其功。敢有其實乎。吾小人。不可以厚誣君子。遂適齊。

閩之賣儈。周官賈師。凡國之賣儈。各帥其屬而嗣掌其月。凡師役會同亦如之。司農云。官有所斥賣。賈師帥其屬更相代直月而官賣之。

哭而過市。周文十八。夫人姜氏歸於齊。大歸也。將行。哭而過市。曰。天乎。仲為不道。殺適立庶。市人皆哭。魯人謂之哀姜。

后立市。天官內宰。凡建國。佐后立市。設其次。置其敘。正其肆。陳其貨賄。出其度量淳制。祭之以陰禮。方館毋寡女子言內寵妻。肆奪於市。

有市之鄉。處閭內付薛構言灌盧之劍宮有鄉計有市之鄉三十。駿馬千匹。萬戶之都二。

國語齊語。使關市幾而不征。以爲諸侯利。諸侯稱廣焉。涇施書廣也。罷述

龍封。十三種語答問五

讀癡劇期日。癸巳存稿二

齊語管子等曰。……令夫商。羣萃而州處。察其四時。而監其鄉之資。以知其市之賈。負任擔荷。服牛輅馬。以周四方。以其所有。易其所無。市賤鬻貴。旦暮從事於此。以飭其子弟。相語以利。相示

以類。濟蘇。[redacted]贏也相陳以知賈〻〻〻」（同上注）
言讓管子曰〻〻〻彼都技將。使民嚮〻之方。以監其上下〻〻所
將。注監視也擇其澤究其而先征〻〻。」（同上注）

商君調輕重。戰國秦策蔡澤曰夫商君為孝公平權衡。正度量。
調輕重。決裂阡陌。教民耕戰。是以兵動而地廣。兵休而國富。故
秦無敵於天下。立威諸侯。」（同上注）
戰國秦策〻〻〻呂不韋賈於邯鄲。見秦質子異人。歸而謂父曰。耕
田之利幾倍。曰十倍。珠玉之贏幾倍。曰百倍〻〻〻」（同上注）
又齊策蘇秦說齊閔王曰士聞戰則輸私財而富軍市」通都小縣
置社有市之邑。莫不止事而奉王。」（十二注）

戰國趙策燕封宋人榮蚠為高陽君。使將而攻趙。趙王因割濟東
三城令合鮑改盧高唐平原陵一本無陵字地城邑市五十七，命以與
齊。而以求安平君而將之。馬服君謂平原君曰。國奚無人甚哉。
君致安平君而將之。乃割濟東三鮑補城字令合鮑改城市邑五十七
以與齊。此夫子與敵國戰覆軍殺將之所取。割地於敵國者也。
、、、四北

馬以遺

大夫以上至天子皆乘四馬所以通四方也
天子馬曰龍高七尺以上、、、、
庶人單馬

以馬以乘馬束帛此道周制也以馬者謂士不備四也禮既夕曰公賵玄纁束帛兩馬是也乘馬者謂大夫以上備四也禮大夫以上至天子皆乘四馬所以通四方也天子馬曰龍高七尺以上諸侯曰馬高六尺以上卿大夫士曰駒高五尺以上束帛謂玄三纁二玄三法天纁二法地因以爲足以共事○乘馬繩證反注乘馬同纁許云反共音恭

疏賵者何○解云初入春秋弟子未曉賵義故執不知問○注此道周制也○解云知者正以上云以馬與士既夕禮同下言乘馬與士異明知周之禮大夫以上皆有四馬矣○注以馬至四也○解云以下言乘馬明上文直言以馬者士禮兩馬可知故即引禮爲證矣○注禮大夫至方也○解云案異義古毛詩說云天子至大夫同駕四皆有四方之事士駕二也詩云四騵彭彭武王所乘龍旂承祀六轡耳耳魯僖所乘四牡騑騑周道倭遲大夫所乘書傳云士乘飾車兩馬庶人單馬木車是也○問曰若然異義公羊說引易經云時乘六龍以馭天下也知天子駕六與此異何○荅曰彼謹案亦從公羊說即引王度記云天子駕六龍諸侯與卿駕四大夫駕三以合之鄭駁云易經時乘六龍者謂陰陽六爻上下耳豈故爲禮制王度記云今天子駕六者自是漢法與古異大夫駕三者於經無以言之者是也然則彼公羊說者自是章句家意不與何氏合何氏此處不依漢禮者蓋時有損益也○注天子至以上○解云月令天子駕蒼龍是其高七尺者漢制也其六尺五尺亦然○注諸侯曰至以上○解云魯頌曰魯侯戾止其馬蹻蹻是也○注卿大夫至以上○解云詩云皎皎白駒食我場苗是也○注束帛至纁二○解云雜記上云魯人之贈三玄二纁是也○注玄三至共事○解云天數不但三地數不但二而取三二者因取足以共事故也

車馬曰賵貨財曰賻衣被曰襚此者春秋制也賵猶覆也賻猶助也皆助生送死之禮襚猶遺也遺是助死之禮知生者賵賻知死者贈襚○賻音附襚音遂猶遺唯季反

疏注此者春秋制也○解云上陳周制訖下乃言賵賻襚此三者是春秋之內事故云此者春秋制也○注知生至贈襚○問曰案既夕禮云知死者贈知生者賻鄭注云各主於所知以此言之賻專施于生者何○荅曰賻專施于生襚專施于死賵實生死兩施故何氏注知生知死皆言賵矣而既夕禮專言知生者對贈言之故也○問曰何知賵生死兩施乎○荅曰案既夕禮云兄弟賵奠可也注云兄弟有服親者可且賵且奠許其厚也賵奠於死生兩施又云所知則賵而不奠鄭注云所知通問相知也降於兄弟奠施於死者爲多故不奠以此言之明賵與奠皆生死兩施也言奠於死者爲多故知賵生死等矣

賵者何喪事有賵賵者蓋

之隱元

牧馬

凡馬日中而出入

傳二十九年春新作延廄書不時也經無作字蓋闕凡馬日中而出日中而入日中春秋分也治廄當以秋分因馬向入而修之今以春作故曰不時。向許亮反本或作嚮【疏】注日中至不時。正義曰中者謂日之長短與夜中分故春秋二節謂之春分秋分也釋例曰春秋分而晝夜等謂之日中凡馬春分百草始繁則牧於坰野秋分農功始藏水寒草枯則皆還廄此周典之制也今春而作廄已失民務又違馬節故曰書不時也○

莊廿九

牧政

游牝别群 縶騰駒
班馬政

○游牝別羣孕妊之欲止也則縶騰駒為其牝氣有餘相蹄齧也○執如字蔡本作縶蹄大計反踶也本或作踶音同班馬政馬政謂養馬之政教也廋人職曰掌十有二閑之政教以阜馬佚特教駣攻駒此之謂也○廋所留反駣音兆又音道字林音逃 疏 注馬政至攻駒○正義曰廋人職曰掌十有二閑之政教按校人職云天子十有二閑諸侯六閑大夫四閑每閑馬有二百一十六四又阜馬佚特教駣攻駒注云阜盛壯也鄭司農云二歲曰駒三歲曰駣玄謂逸者用之不使甚勞安其血氣也教駣始乘習之攻駒騬其蹄齧者○

月令仲夏

牧政

是月也乃合累牛騰馬遊

牝于牧累騰皆乘匹之名是月所合牛馬謂繫在廄者其牝欲遊則就牧之牡而合之○累力追反注同騰大登反牝毗忍反徐扶死反乘繩證反廄居又反○犧牲駒犢舉書其數以在牧而校數書之明出時無他故至秋當錄內且以知生息之多少也○數所主反○疏乃合至其數正義曰累牛謂相累之牛騰馬相騰逐之馬以季春陽將盛物皆產乳故合此所累之牛相騰之馬故遊此繫牧之牝於牧田之中就牡而合之其在廄牝馬須擬乘用者則不放之○犧牲駒犢舉書其數者既遊牝於牧之後畜皆在野所有犧牲及小馬之駒小牛之犢皆書其見在之數所以然者至秋畜產入時知其舊數○不欠少以否又舊數之外知其生息多少○

合累牛騰馬遊牝于牧

犧牲駒犢舉書其數

孝胥

皮幣（祭祀）

仲春祀不用犧牲——爲季春將選而合騰之也

○是月也祀不用犧牲用圭璧更皮幣爲季春將選而合騰之也更猶易也

當祀者古以玉帛而已○

疏 祀不至皮幣○正義曰以季春將騰合牝牡不用殺其犧牲其應祀之時圭璧更易此犧牲非但用圭璧更易又用皮幣以更之故在圭璧皮幣之中上下有也蔡氏云此祀不用犧牲者祈不用犧牲謂祈禱小祀也不用犧牲若大祀則依常法故上云以大牢祠高禖是也

月令仲春

校[redacted]改

無羊宣王考牧也厲王之時牧人之職廢宣王始興而復之至此而成謂復先王牛羊之數

疏無羊四章章八句○正義曰作無羊詩者言宣王考牧也謂宣王之時牧人稱職牛羊復先王之數牧事有成故言考牧也經四章言牛羊得所牧人善牧又以吉夢獻王國家將有休慶皆考牧之事也○箋厲王至之數○正義曰此美其新成則往前嘗廢故本厲王之時今宣王始興而復之選牧官得人牛羊蕃息至此而牧事成功故謂之考牧又解成者正謂復先王牛羊之數也言至此而成者初立牧官數未即復至此作詩之時而成也王者牛羊之數經典無文亦應有其大數今言考牧故知復之也周禮有牧人下士六人府一人史二人徒六十人又有牛人羊人犬人雞人唯無豕人鄭以爲豕屬司空冬官亡故不見夏官又有牧師圉師此宣王所考則應六畜皆備此獨言牧人者牧人注云牧人養牲於野田者其職曰掌牧六牲而阜蕃其物則六畜皆牧人主養其餘牛人羊人之徒各掌其事以供官之所須則取於牧人非放牧者也羊人職曰若牧人無牲則受布於司馬買牲而供之是取於牧人之事也唯馬是國之大用特立牧師圉人使別掌之則蓋擬駕用者屬牧師令生息者屬牧人故牧人有六牲鄭云六牲謂牛馬羊豕犬雞是牧人亦養馬也此詩主美放牧之事經有牧人乃夢故唯言牧人也牧人六畜皆牧此詩唯言牛羊者經稱爾牲則具予以祭祀爲重馬則祭之所用者少豕犬雞則比牛羊爲卑故特舉牛羊以爲美也

宣王考牧

牧之職

王者牛羊之數經典無文

馬

皆有乘黃朱〻非馬色

頗係係康王云云諸 皆有乘黃朱 正文黃下亦朱〻非馬

色定十年左傳云宋公子地有白馬四公嬖向魋

欲之公取而朱其尾鬣以與之是古人常朱鬣

然朱其朱者尾鬣也

駉頌

駉頌僖公也僖公能遵伯禽之法儉以足用寬以愛民務農重穀牧于坰野魯人尊之於是季孫行父請命于周而史克作是頌季孫行父季文子也史克魯史也○駉古熒反說文作驍又作駫同牧徐音目坰苦熒反徐又苦營反或苦[illegible]反遠也下同父音甫注同

疏駉四章章八句至作是頌○正義曰作駉詩者頌僖公也僖公能遵伯禽之法伯禽者魯之始封賢君其法可傳於後僖公以前莫能遵用至於僖公乃遵奉行之故能性自節儉以足其用情又寬恕以愛於民務勤農業貴重田穀牧其馬於坰遠之野使不害民田其爲美政如此故既薨之後魯國之人慕而尊之於是卿有季孫氏名行父者請於周言魯爲天子所優不陳其詩不得作風今僖公身有盛德詩爲作頌既爲天子所許而史官名克者作是駉詩之頌以頌美僖公也定本集本皆重有僖公字言能遵伯禽之法者伯禽賢君其法非一僖公每事遵奉序者捴以爲言也不言遵周公之法者以周公聖人身不之魯魯國之所施行皆是伯禽之法故繫之於伯禽以見賢能慕賢之意也儉者約於養身爲費寡少故能畜聚貨財以足諸用寬者緩於馭物政不苛猛故能明愼刑罰以愛下民此雖僖公本性亦遵伯禽爲然也務農謂止舍勞役盡力耕耘重穀謂愛惜禾黍不妄損費其事是一但所從言之異耳由其務農故牧於坰遠之野使避民居與良田卽四章上二句是也其下六句是因言牧在於坰野卽說諸馬肥健僖公思使之善終說牧馬之事也儉以足用寬以愛民說僖公之德與務農重穀爲首引耳於經無所當也僖公之愛民務農遵伯禽之法非獨牧馬而已以馬畜之賤尚思使之善則其於人事無所不思明矣魯人尊之以下以諸侯而作頌詩爲非常故說其作頌之意雖復主序此篇其義亦遍於下三篇亦是行父所請史克所作也此言魯人尊之謂既薨之後尊重之也○箋季孫至魯史○正義曰行父是季友之孫故以季孫爲氏死謚曰文子左傳世本皆有其事文十八年左傳稱季文子使太史克對宣公知史克魯史也此雖借名爲頌而體實國風非告神之歌故有章句也禮諸侯六閑馬四種有良馬有戎馬有田馬有駑馬僖公使牧於坰野馬皆肥健作者因馬有四種故每章各言其一首章言良馬朝祀所乘故云彭彭見其有力有容也二章言戎馬齊力尚強故云伾伾見其有力也三章言其田馬田獵齊足尚疾故云驛驛見其善走也卒章言駑馬主給雜使貴其

季孫行父請命于周史克作頌

駉魯六閑四種

郊坰

肥壯故云祛祛見其強健也馬有異種名色又多故每章各舉四色以充之宗廟齊豪則馬當純色首章說良馬而有異毛者容朝車所乘故也

駉駉牡馬，在坰之野。駉駉良馬腹幹肥張也坰遠野也邑外曰郊郊外曰野野外曰林林外曰坰箋云必牧於坰野者辟民居與良田也周禮曰以官田牛田賞田牧田任遠郊之地

薄言駉者，有驈有皇，有驪有黃，以車彭彭。牧之坰野則駉駉然驪馬白跨曰驈黃白曰皇純黑曰驪黃騂曰黃諸侯六閑馬四種有良馬有戎馬有田馬有駑馬彭彭有力有容也箋云坰之牧地水草既美牧人又良飲食得其時則自肥健耳○驈戶橘反阮孝緒于密反顧野王餘橘反郭音述驪力知反沈又郎西反說文字林云深黑色馬也跨苦花反又苦故反又胡化反郭云髀間也蒼頡篇云兩股間也騂息營反赤黃曰騂下文同字林火營反種章勇反駑音奴飲食上音蔭下音嗣又並如字

思無疆，思馬斯臧。箋云臧善也僖公之思遵伯禽之法反覆思之無有竟已乃至於思馬斯善多其所及廣博○疆居良反竟也覆芳服反

疏 駉駉至斯臧○正義曰僖公養四種之馬又能遠避良田魯人尊重僖公作者追言其事駉駉然腹幹肥張者所牧養之良馬也所以得肥張者由其牧之在於坰遠之野其水草既美牧人又良飲食得所莫不肥健故皆駉駉然薄言駉者有何馬也乃有白跨之驈馬有黃白之皇馬有純黑之驪馬有黃騂之黃馬此等用之以駕朝祀之車則彭彭然有壯力有儀容矣是由牧之以理故得使然此僖公思遵伯禽之法反覆思之無有竟已其所思乃至於馬亦令之使此善是其所及廣博不可忘也定本牧馬字作牡馬○傳駉駉至曰坰○正義曰腹謂馬肚幹謂馬脅宣十五年左傳曰雖鞭之長不及馬腹謂據馬肚也莊元年公羊傳曰拉公幹而殺之謂折公脅也肥張者充而張大故其色駉駉然是馬肥之貌耳但毛以四章分說四種之馬故言駉駉良馬腹幹肥張明首章爲良馬二章爲戎馬也坰者關廣之義故爲遠釋地云邑外謂之郊郊外謂之牧牧外謂之野野外謂之林林外謂之坰此傳出於彼文而不言郊外曰牧注云郊外曰野者自郊以外野爲通稱因即據野爲說不言牧馬且彼郊外之牧與此經牧馬字同而事異若言郊外牧嫌與牧馬相涉故略之也郊牧野林坰自邑而出遠近之異名孫炎曰邑國都也設百里之國五者之界界各十里然則百里之國國都在中去境五十每十里而異其名則坰爲邊畔去國最遠故引之以證坰爲遠也彼據小國言之郊爲遠郊牧野林坰自郊外爲差則郊也牧也野也坰也四者不同處箋稱牧於坰野又言牧在遠郊便是郊牧坰野共爲一處與爾雅異者自國都以外郊爲大限言牧在遠郊謂所牧之處在遠郊之外正謂在坰是也野者郊外通名故周禮六遂在遠郊之外遂人職云凡治野田是其郊外之地總稱野也牧於坰野自謂放牧在坰非遠近之名雖字與爾雅相涉其意皆不同也孫炎言百里之國十里爲郊則郊之遠近計境之廣狹以爲差也聘禮云賓及郊

注云郊遠郊周制天子畿內千里遠郊百里以此差之遠郊上公五十里侯四十里伯三十里子二十里男十里也近郊各半之是鄭之所約也以聘禮下云賓至于近郊故知賓及郊者爲遠郊也司馬法云王國百里爲遠郊且王畿千里其都去境五百里爾雅從邑之外止有五明當每者百里故知遠郊百里也鄭近郊半之者書序云周公既沒命君陳分正東郊成周於時周都王城而謂成周爲東郊則成周在其郊也於漢王城爲河南成周爲洛陽相去不容百里則所言郊者謂近郊故注云天子近郊五十里今河南洛陽相去則然是鄭以河南洛陽約近郊之里數也周禮杜子春注云五十里爲近郊白虎通亦云近郊五十里遠郊百里是儒者相傳爲然昭二年叔弓如晉左傳曰晉侯使郊勞服虔云近郊三

者蓋或當別有依終。與鄭異也。書傳云百里之國二十里之郊七十里之國九里之郊三十里之國三里之郊言其百里七十里是夏殷諸侯之國其郊與周異也。箋必牧至之地。正義曰解牧馬必在坰野之意以國內居民多近都之地貴必牧於坰野者避民居與良田故也以序云務農重穀牧於坰野故知有避民田之義也引周禮者地官載師文彼注鄭司農云官田者以備公家之所耕也牛田者以養公家之牛也賞田者賞賜之田也牧田者牧六畜之田玄謂官田庶人在官者其家所受田也牛田牧田畜牧者之家所受田也必易司農者以載師掌在土之法以物地事所陳者爲制貢賦而言也若官所耕田及牛牧之田則自公家所田無賦稅之事下文何云近郊十一遠郊二十而三爲稅法也以此故易之彼司農以牛田爲牧家所受則非復放牧之田而引證此者以牧人之牧六畜常在遠郊之外因近其放處而給之田故引此爲證牧馬之處當遠於國也彼雖天子之法明諸侯亦當然則牧在遠地避民良田乃是禮法當然自僖公以前不能如禮故特美之。傳牧之至力有容也。正義曰上言駉駉牡馬在坰之野是馬之肥乃言其牧處此云薄言駉者有驈有皇是就其所牧之中言肥馬之色此駉駉之肥由牧之使然故傳辨之云牧之坰野則駉駉然釋畜云驪馬白跨驈孫炎曰驪黑色也白跨股腳白也郭璞云跨髀間也然則跨者所跨據之處謂髀間白也釋畜又云黃白皇舍人曰黃白色雜名皇也其驪與黃則爾雅無文月令孟冬云駕鐵驪象時之色檀弓云夏后氏尚黑戎事乘驪故知純黑曰驪爾雅黃白皇謂黃而色白者名之爲皇則黃而赤色者宜名爲黃明矣故知黃騂曰黃騂者赤色謂黃而雜色者也諸侯六閑馬四種夏官校人有其事故知邦國六閑傳唯變邦國以爲諸侯耳以四章所論馬色既別皆言以車明其每章各有一種故言此以充之不於上經言之者以上文二句四章皆同無可以爲別異故就此以車異文而引之也閑謂馬之所在有限衛之處校人之注以爲二百一十六匹爲一廄每廄爲一閑諸侯有四種其三種別爲一閑駑一種而分爲三閑也傳既言馬有四種又辨四種之異故云有良馬有戎馬有田馬有駑馬彼校人上文辨六馬之屬種戎齊道田駑本無良馬之名鄭於彼注以爲諸侯四種無種戎而有齊道田駑此傳有良戎而無齊道與彼異者彼上文說六馬之屬下言天子六種邦國四種家二種自上降殺以兩明當漸有其等差其義必如鄭說今傳言良馬非彼六馬之名則戎馬非彼之戎馬自以時事名之蓋謂齊馬爲良馬道馬爲戎馬也何則國之大事在祀與戎諸侯之國必有朝祀征伐之事謂朝祀所乘爲良馬征伐所乘爲戎馬非爲祀之種戎也彼鄭注以次差之玉路駕種馬戎路駕戎馬金路駕齊馬象路駕道馬田路駕田馬駑馬給宮中之役彼以天子具有五路故差之以當六馬而諸侯路車多少不等有自金路以下者有象路以下者有革路以下者車雖有異馬皆四種則知其爲差次不得同天子故傳準所用別爲立名謂之良戎不言齊道案魯以同姓勳親有金路以下則當金路象路共駕良馬戎路駕戎馬田路駕田馬駑馬給宮中之役其餘諸侯無金路者事寡則同蓋亦準其時事分乘四種大夫本無路車亦有二種之馬明以時事乘之不必要駕路車也若然案夏官戎右注云此充戎路之右田亦爲之右然則戎田相類何知不象路駕戎馬戎路駕田馬而必知諸侯有金路者金路象路共駕良馬戎路駕戎馬者以兵戎國之大事當駕善馬不得與田馬同也天子戎路以其無飾故卑於象路戎馬以其尚強故戎馬先於齊馬以此知諸侯戎路亦不得與田路同馬且戎路之衡高於田路田馬不得駕之冬官輈人爲輈國馬之輈深四尺有七寸田馬之輈深四尺注云國馬謂種馬戎馬齊馬道馬高八尺兵車乘車衡高八尺七寸田馬七尺則衡高七尺七寸是戎馬之高當與齊道同不與田馬等故知戎馬不得駕田馬也戎路必駕戎馬則知有金路者金路象路共駕良馬明矣校人又云凡頒良馬而養乘之注云良善也善馬五路之馬彼以五路之馬皆稱爲良此傳獨以齊馬爲良馬者以其用之朝祀故謂之良不與周禮同也朝祀所乘雖取其力亦須儀容故云彭彭有力有容言其能備五御之威儀也。箋臧善至廣博。正義曰臧善釋詁文疆者竟也故言反覆思之無竟已言伯禽之法非一僖公每事思之所思衆多乃至於思馬斯善以馬是賤物舉微以見其著多大其[illegible]所及者能廣博也

駉駉牡馬

在坰之野薄言駉者有騅有駓有騂有騏以車伾伾蒼白雜毛曰騅黃白雜毛曰駓赤黃曰騂蒼祺曰。騏伾伾有力也。騅音隹駓符悲反字又作䮴郭

云今桃花馬也字林作䮴音丕騏音其伾敷悲反說文同字林作駓走也父之反音丕祺音其字又作騏思無期思馬斯才才多材也疏傳倉白至有力。正義曰釋畜云倉白雜毛騅郭璞曰即今騅

馬也又云黃白雜毛駓郭璞曰今之桃華馬也此二者皆云雜毛是體有二種之色相間雜上云黃白曰皇黃騂曰黃止一毛色之中自有淺深與此二色者異故不云雜毛也其騂騏爾雅無文周人尚赤而牲用騂綱。祀稱騂祀用騂牲是騂

爲純赤色言赤黃者謂赤而微黃其色鮮明者也上云黃騂曰黃謂黃而微赤此云赤黃曰騂謂赤而微黃此其所以異也騏者黑色之名倉騏曰騏謂青而微黑今之騘馬也顧命曰四人騏弁注云青黑曰騏引詩云我馬維騏是騏爲青黑

色此章言戎馬戎馬貴多力故云伾伾有力駉駉牡馬在坰之野薄言駉者有驒有駱有駵有雒以車繹繹青驪驎曰驒白馬黑鬣曰

駱赤身黑鬣曰駵黑身白鬣曰雒繹繹善走也。驒徒河反說文云馬文如鼉魚也韓詩及字林云白馬黑髦也駱音洛樊孫爾雅並作白馬黑髦鬣尾也駵音留字林云赤馬黑髦尾也雒音洛本或作駱同繹音亦善足也一本作善走也崔

本作驒驎本亦作粼郭良忍反毛色有深淺班駁隱粼今之連錢驄也呂沈良振反孫炎音隣云似魚鱗也鬣力輒反疏傳青驪至善走。正義曰釋畜云青驪驎驒孫炎云色有淺深似魚鱗也郭璞曰色有深淺班駁隱鄰。今之連

錢驄也又云白馬黑鬣駱郭璞引禮記曰夏后氏駱馬黑鬣然則髦即是鬣皆謂馬之鬣也定本集注髦字皆作鬣其駵雒爾雅無文爾雅有駵白駁駵馬黃脊騝音乾。則駵是色名說者以駵爲赤色若身鬣俱赤則騂馬故爲赤身黑鬣曰駵

即今之駵馬也黑身白鬣曰雒則未知所出檢定本集注及徐音皆作駱字而俗本多作駁字爾雅有駵白駁謂赤白雜色駁而不純非黑身白鬣也東山傳曰駵白曰駁謂赤白雜毛爾雅爲說若此亦爲駁不應傳與彼異且注爾雅者樊光

孫炎於駵白駁下乃引易乾爲駁馬引東山皇駁其馬皆不引此文明此非駁也其字定當爲雒但不知黑身白鬣何所出耳此章言田馬田獵尚疾故言繹繹善走思無斁思馬斯作作始也箋云斁厭也

思遵伯禽之法無厭倦也作謂牧之使可乘駕也。斁音亦疏傳作始。正義曰釋詁云俶作也始也俶之所訓爲作爲始是作亦得爲始思馬斯始謂令此馬及其古始如伯禽之時也。箋斁厭至乘駕。正義曰斁厭釋詁文彼

作射音義同以上章斯臧斯才皆馬之身事故易傳以作爲作用謂牧之使可作用乘駕也駉駉牡馬在坰之野薄言駉者有駰有騢有驔有魚以

車祛祛。陰白雜毛曰駰彤白雜毛曰騢豪骭曰驔二目白曰魚祛祛彊健也。駰舊於巾反讀者並音因騢音遐說文云赤白雜色文似鰕魚驔音簟徒點反字林云又音譚有魚如字字書作䲆字林作䱇音並同毛云一目白曰

魚爾雅云一目白瞯二目白魚瞯音閑祛起居反彤徒冬反赤也骭戶晏反疏傳陰白至強健。正義曰釋畜云陰白雜毛駰舍人曰今之泥驄也樊光曰駰者目下白也孫炎曰陰淺黑也郭璞曰陰淺黑今之泥驄或云目下白或

云白陰皆非也璞以陰白之文與驪白黃白倉白彤白相類故知陰是色名非目下白與白陰也又云彤白雜毛騢舍人曰赤白雜毛今赭馬名騢郭璞云彤赤也即今赭白馬是也又云一目白瞯二目白魚舍人曰一目白曰瞯兩目白爲魚

郭璞曰似魚目也其驛爾雅無文說文云骭骹也郭璞曰骭脚脛然則骭者膝下之名釋畜云四骹皆白驓無豪骭白之
名傳言豪骭白者蓋謂豪毛在骭而白長名為驔也騽則四骹雖白而毛短故與驔異也此章言駑馬主以給官中之役
貴其肥壯故曰
祛祛強健也

思無邪思馬斯徂

箋云徂猶行也思遵伯禽之法專心無復邪意
也牧馬使可走行○邪似嗟反注同復扶又反

疏

箋徂猶至走行○正義曰
徂訓為往行乃得往故徂
猶行也思牧馬使可走行亦上章使可乘駕之事也王肅云徂往也所以養馬得
往古之道毛於上章以作為始則此未必不如肅言徂無迹可尋故同之鄭說

馬政

秦風駟驖　天子馬六種諸侯之四種

遊于北園四馬既閑　箋云公所以田則克獲者乃遊於

北園時既已習者之馬

十三經注疏　詩六之三　國風　秦　二十

事遊于北園已試調習故今狩於園中多所獲得也○傳閑習○正義曰釋詁文○箋公所至之馬○正義曰夏官校人辨六馬之屬種馬戎馬齊馬道馬田馬駑馬天子馬六種諸侯四種鄭以墜殺差之諸侯之馬無種戎也此說獵事止應調習田馬而已而云四種之馬皆調之者以其田獵所以教戰諸馬皆須調習故作者因田馬調和廣言四種皆習也○

馬遍

駕三　駕の駕六

素絲組之良馬五之總以素絲而成組也驂馬五轡箋云以素絲縷縫組於旌旗以爲之飾五之者亦爲五見之也。總子孔反驂七南反疏傳驂馬五轡。正義曰凡馬士駕二既夕禮云公賵以兩馬是也大夫以上駕四四馬則八轡矣驂馬五轡者御車之法驂馬內轡納於觖唯執其外轡耳驂馬馬執一轡服馬則二轡俱執之所謂六轡在手也此經有四之五之六之以御馬喻治民馬多益難御故先少而後多傳稱漸多之由爲說從內而出外上章四之謂服馬之四轡也此章加一驂馬益一轡故言五之也下章又加一驂更益一轡故六之也據上四之爲服馬此加一驂乃有五故言五轡也王肅云古者一轅之車駕三馬則五轡其大夫皆一轅車夏后氏駕兩謂之麗殷益以一騑謂之驂周人又益一騑謂之駟本從一驂而來亦謂之驂經言驂則三馬之名又孔晁云作者歷言三王之法此似述傳非毛旨也何則馬以引重左右當均一轅車以兩馬爲服傍以一馬驂之則偏而不調非人情也株林曰乘我乘駒傳曰大夫乘駒則毛以大夫亦駕四也且殷之制亦駕四故王基云商頌曰約軝錯衡八鸞鎗鎗是則殷駕四不駕三也又異義天子駕數易孟京春秋公羊說天子駕六毛詩說天子至大夫同駕四士駕二詩云四牡彭彭武王所乘龍旂承祀六轡耳耳魯僖所乘四牡騑騑周道委遲大夫所乘謹案禮王度記曰天子駕六諸侯與卿同駕四大夫駕三士駕二庶人駕一說與易春秋同。玄之聞也周禮校人掌王馬之政凡頒良馬而養乘之乘馬一師四圉四馬爲乘此一圉者養一馬而一師監之也尚書顧命諸侯入應門皆布乘黃朱言獻四黃馬朱鬣也既實周天子駕六校人則何不以馬與圉以六爲數顧命諸侯何以不獻六馬王度記曰大夫駕三經傳無所言是自古無駕三之制也。箋以素至之飾。正義曰前云孑孑干旟言旌旗之狀此云素絲組之爲旌旗之飾可知周禮九旂皆不言組飾釋天說龍旂云飾以組而此鄉大夫卿遂之官亦有組則九旂皆以組爲飾故郭璞曰用綦組飾旒之邊是也

馬政

倌人 國馬

靈雨既零，命彼倌人，星言夙駕，說于桑田。零，落也。倌人，主駕者。箋云：靈，善也。星，雨止星見。夙，早也。文公於雨下，命主駕者雨止爲我晨早駕，欲往爲辭說于桑田，教民稼穡，務農急也。○倌音官，徐古患反，說文云小臣也。星言，韓詩云：星，精也。說，毛始銳反，舍也；鄭如字，辭說。見，賢遍反。爲，于僞反。匪直也人，非徒庸君。秉心塞淵。秉，操也。箋云：塞，充實也。淵，深也。○操，七刀反。騋牝三千。馬七尺以上曰騋。騋馬與牝馬也。箋云：國馬之制，天子十有二閑，馬六種，三千四百五十六匹；邦國六閑，馬四種，千二百九十六匹。衛之先君兼邶鄘而有之，而馬數過禮制。今文公滅而復興，徙而能富，馬有三千，雖非禮制，國人美之。○騋牝，上音來，馬六尺已上也，下頻忍反，徐扶死反。上，時掌反。種，章勇反，下同。過禮，一本作過禮制。復，符富反。

疏 靈雨至三千。○正義曰：此章說政治之美。言文公於善雨既落之時，命彼倌人云：汝於雨止星見，當爲我早駕，當乘之往辭說於桑田之野，以教民之稼穡。言文公既愛民務農如此，則非直庸庸之人，故秉操其心，能誠實且復深遠，是善人也。既政行德實，故能興國以致殷富，騋馬與牝馬乃有三千，可美之極也。○傳倌人主駕者。○正義曰：以命之使駕，故知主駕者。諸侯之禮亡，未聞倌人爲何官也。○傳馬七尺至牝馬。○正義曰：七尺曰騋，廋人文也。定本云六尺，恐誤也。此三千，言其總數。國馬供用，牝牡俱有，或七尺六尺，舉騋牝以互見，故言騋馬與牝馬也。知非直牝而七尺有三千者，以諸侯之牝三千已多，明不得獨牝有三千。輈人職注云：國馬，謂種馬、戎馬、齊馬、道馬，高八尺；田馬七尺；駑馬六尺。此天子國馬有三等，則諸侯國馬之制不一等，明不獨七尺也。乘車、兵車及田車，高下各有度，則諸侯亦齊道高八尺，田馬高七尺，駑馬高六尺。獨言騋馬者，舉中言之。○箋國馬至美之。○正義曰：言國馬，謂君之家馬也。其兵賦，則左傳曰元年革車三十乘，季年乃三百乘是也。天子十有二閑，馬六種；邦國六閑，馬四種，皆校人文也。其天子三千四百五十六匹，諸侯千二百九十六匹，皆推校人而計之。校人又曰：凡頒良馬而養乘之，乘馬一師四圉，三乘爲皁，皁一趣馬；三皁爲繫，繫一馭夫；六繫爲廄，廄一僕夫；六廄成校，校有左右。駑馬三良馬之數。註云：二耦爲乘。自乘至廄，其數二百一十六匹。易乾爲馬，此應乾之策也。至校變言成者，明六馬各一廄，而王馬小備也。校有左右，則良馬一種者四百三十二匹，五種合二千一百六十匹。駑馬三之，則爲千二百九十六匹。五良一駑，凡三千四百五十六匹，然後王馬大備。由此言之，六廄成校，校有左右，則爲十二廄，即是十二閑故鄭又云每廄爲一閑明廄別一處各有閑衞故又變廄言閑也以一乘四匹三乘爲皁則十二匹三皁爲繫則三十六匹六繫成廄以六乘三十六則二百一十六匹故云自乘至廄其數二百一十六匹應乾之策謂變者爲揲蓍用四四九三十六謂一爻之數純乾六爻故二百一十六也以校有左右故倍二百一十六爲四百三十二鷩馬三之又三乘此四百三十二爲千二百九十六匹此天子之制雖鷩馬數言三良亦以三鷩之數共廄爲一閑諸侯言六閑馬四種則不種爲二閑明因鷩三良之數而分爲三閑與上三種各一閑而六閑皆二百一十六匹以六乘之故諸侯千二百九十六匹也是以校人又云大夫四閑馬二種鄭因諸侯不種爲二閑亦分鷩馬爲三故注云諸侯有齊馬道馬田馬大夫有田馬各一閑其鷩皆分爲三是也故鄭志趙商問曰校人職天子十有二閑馬六種爲三千四百五十六匹邦國六閑馬四種爲二千五百九十二匹家四閑馬二種爲千七百二十八匹商案大夫食縣何由能供此馬司馬法論之一甸之田方八里有戎馬四匹長轂一乘今大夫采四甸一甸之稅以給王其餘三甸裁有十二匹今就校人職相覺甚多荅曰邦國六閑馬四種其數適當千二百九十六匹家四閑馬二種又當八百六十四今子何術計之乎此馬皆國君之制非民之賦司馬法甸有戎馬四匹長轂一乘此謂民出軍賦無與於天子國馬之數是鄭計諸侯大夫之明數也趙商因校有左右謂二廄爲一閑故其數皆倍而誤鄭以十二廄卽十二閑數諸侯大夫閑數鷩與良同故云子以何術計之鄭以諸侯之馬千二百九十六匹而此亦諸侯之國馬有三千過制明非始文公所從遠矣故本之先君言由衞之先君兼邶鄘而有之謂有此邶鄘之富而馬數過禮制故今文公過制也然則三千之數違禮者也而校人注引詩云騋牝三千王馬之大數者以三千與王馬數近相當故因言之其實此數非王馬之數也

六帝紀

以上爲原稿舊草節記六帝有紀闕傳之問

止

馬政

大事必乘其産

晉侯謂慶鄭曰寇深矣若之何對曰君實深之可若何公曰不孫卜右慶鄭吉弗使惡其不孫不以爲車右此夷吾之多忌○孫音遜注同惡烏路反步揚御戎家僕徒爲右步揚郤犨之父乘小駟鄭入也鄭所獻馬名小駟○駟音士慶鄭曰古者大事必乘其産生其水土而知其人心安其教訓而服習其道唯所納之無不如志今乘異産以從戎事及懼而變將與人易變易人意亂氣狡憤陰血周作張脉僨興外彊中乾狡戾也憤動也氣狡憤於外則血脉必周身而作隨氣張動外雖有彊形而內實乾竭○狡古卯反憤扶粉反張中亮反注同脉音麥僨方問反【疏】亂氣至中乾○正義曰言馬之亂氣狡戾而憤滿陰血徧身而動作張脉動起外雖有彊形內實乾竭外爲陽內爲陰血在膚內故稱陰血血旣動作脉必張起故言張脉也氣憤於外內必乾燥內血爲力故內潤則彊內乾則竭言乾竭者竭盡也內乾則力盡進退不可周旋不能君必悔

傳文

牧政

牛人中士二人下士四人府二人史四人胥二十人徒二百人主牧公家之牛者詩云誰謂爾無牛九十其犉犉者九十其餘多矣○犉而純反一音而專反黃牛黑脣曰犉疏注主牧至多矣○釋曰主牧公家之牛者亦是地事又鄭下注云牛能任載地之類故在此也詩云者亦無羊詩言誰謂爾宣王無牛九十其犉黃牛黑脣曰犉云犉者九十其餘多矣者證

公牛一享牛

軍事之槁牛一槁師之牛

兵車之牛

經牛多故徒有三百人牧之也

牛人掌養國之公牛以待國之政令公猶官也疏牛人至政令○釋曰云掌養國之公牛以待國之政令者政令則諸侯所須牛及牧人之事則供送之也○注公猶官也釋曰訓公爲官者恐有公君之嫌但王家之牛若公廨之牛故須訓公爲官是官牛也凡祭祀共其享牛求牛以授職人而芻之鄭司農云享牛前祭一日之牛也求牛禱於鬼神祈求福之牛也玄謂享獻也獻神之牛謂所以祭者也求終也終事之牛謂所以繹者也宗廟有繹者孝子求神非一處職讀爲樴樴謂之杙可以繫牛樴人者謂牧人充人與芻牲之芻牛人擇於公牛之中而以授養之○職感音特或餘式反劉之式反注樴同繹音亦徐音夕杙餘式反劉餘則反疏凡祭至芻之○釋曰云凡祭祀者祭祀非一故亦言凡以廣之云享牛者謂正祭之牛云求牛者謂繹祭之牛云以授職人而芻之者謂授充人繫養者也○注鄭司至養之○釋曰先鄭云享牛前祭一日之牛也者若以此爲祭前一日夕牲時而言仍是正祭牛則不應以正祭而云前祭一日若不據祭祀以爲齊時所食齊則十日不應惟止一日而已其言無據故後鄭不從也云求牛禱於鬼神祈求福之牛也者案上文凡牲不繫者共奉之謂非時而祭則不繫之此經授職人繫之明非禱祈非時祭者故後鄭亦不從也玄謂享獻也獻神之牛謂所以祭者也者以其宗伯祭宗廟六者皆云享則享是正祭可知破先鄭爲前祭一日之牛也云求終也終事之牛謂所以繹者也者今日正祭于廟明日繹祭在門外之西室故鄭云孝子求神非一處以解求中爲繹祭之牛也故郊特牲云祭于祊尚曰求諸遠者與是名繹祭爲求也云職讀爲樴者凡官皆有職直云職人無所指斥但職樴聲相近誤爲職故讀從樴充人置樴入地之時樴樴然作聲故以聲名其官也云樴謂之杙者爾雅釋宮文郭注云橜也云樴人者謂牧人充人與者與疑辭疑之者凡牲堪祭祀者則牛人選入牧人臨祭之前牧人乃授充

人充人○乃繫養之今若即以犧人爲充人則屬牧人故連牧人而言之明先至牧人乃至充人經據後而言之耳云牛人擇於公牛之中而以授養之者鄭直言養之者則養者之中還兼有牧人充人也

凡賓客之事共其牢禮積膳之牛 牢禮飱饔也積所以給賓客之用若司儀職曰主國五積者也膳所以間禮賓客若掌客云殷膳太牢○積子賜反注同飱音孫 疏 凡賓至之牛○釋曰言凡賓客者謂五等諸侯來朝兼有臣來聘皆共牢積○注牢禮至太牢○釋曰鄭知牢禮飱饔者此一經皆謂致與賓客者下云饔食是速賓之禮也案大行人掌客皆云上公飱五牢饔餼九牢五積侯伯飱四牢饔餼七牢四積子男飱三牢饔餼五牢三積積之多少各視飱牢其膳則五等諸侯皆大牢故云牢禮飱饔也云積所以給賓客之用者謂行道之用遺人所云者是也又引司徒職曰王國五積者據上公而言也云膳所以間禮賓客者謂賓客未去之間致禮也又引掌客云殷膳大牢彼注云殷中也中間未去即是間禮賓客也

饗食賓射共其膳羞之牛 羞進也所進賓之膳燕禮小臣請執冪者與羞膳者至獻賓而膳宰設折俎王之膳羞亦猶此○食音嗣下文同冪民狄反折之設反 疏 饗食至之牛○釋曰饗者亨大牢以飲賓獻依命數食者亦亨大牢以食食禮九舉七舉五舉亦依命數無酒獻酬耳皆在於廟以速賓射者謂大射及與賓客射于朝天子諸侯射先行燕禮皆有徹俎故有牛也云共其膳羞之牛者謂獻賓時宰夫所進俎是也○注羞進至猶此○釋曰引燕禮小臣請執冪者與羞膳者至獻賓而膳宰設折俎者案燕禮立賓後公卿大夫升就席小臣阼階下北面請執冪者與羞膳者注云執冪者執瓦太之冪也方圜壺無冪羞膳者羞於公謂庶羞云至主人獻賓賓西階上拜筵前受爵反位主人賓右拜送爵膳宰薦脯醢賓升筵膳宰設折俎此王與賓饗及賓射設俎時節及設人無文故云王之膳羞亦猶此也若然饗食有牛俎至於射禮天子諸侯皆先行燕禮其牲猶得有牛者但天子諸侯雖用燕禮直取一獻之禮未旅而行射節其用牲則左傳云公當饗雖然燕禮亦用牛與饗同若然云膳羞則庶羞也不言正俎之牛者據庶羞而言其實兼正俎矣

軍事共其犒牛 鄭司農云犒師之牛○犒苦報反注同 疏 軍事共其犒牛○釋曰謂將帥在軍枯槁之賜牛謂之犒牛也○注鄭司至之牛○釋曰案左氏傳僖公三十三年秦師襲鄭鄭商人弦高將市於周遇之以乘韋先牛十二犒師雖非己之軍師亦是犒師之牛故引以爲證也

喪事共其奠牛 謂殷奠遣奠也喪所薦饋曰奠○遣棄戰反 疏 注謂殷奠遣奠也○釋曰喪中自未葬已前無尸飲食直奠停置于神前故謂之爲奠朝夕之奠無尊卑皆脯醢酒而已無牲體殷大也唯有小斂大斂朔月月半薦新祖奠及遣奠時有牲體大遣奠非直牛亦有馬牲耳故鄭云謂殷奠遣奠也鄭云喪所薦饋曰奠以無尸故也

凡會同軍旅行役共其兵軍之牛與其牽徬以載公任器 牽徬在轅外輓牛也人御之居其前曰牽居其旁曰徬任猶用也○徬薄浪反注同 疏 凡會至任器○釋曰會同軍旅兼言行役謂王行巡守皆六軍從也云共其兵車之牛者但兵車駕四馬之外別有兩轅駕牛以載任器者亦謂之爲兵車故云兵車之牛也○注牽徬至用也○釋曰云牽徬在轅外輓牛也者上云兵車之牛據在轅內者別言與其牽徬故云在轅外輓牛也若然轅外在前者曰牽在旁者曰徬故鄭覆云人御之居其前曰牽居其旁曰徬言人御之者以其在轅外將御爲難故特言人御之也云任猶用也者謂在軍所須之器物皆是也

凡祭祀共其牛牲之互與其盆簝以待事 鄭司農云互謂楅衡之屬盆簝皆器名盆所以盛血簝受肉籠也互謂互若今屠家縣肉格○互劉音護徐音牙簝音寮劉音討反盛音成縣音玄 疏 注鄭司至肉格○釋曰先鄭上文楅衡其爲一物後鄭已不從今以互與楅衡其一彌不可互謂互若今屠家縣肉格其義可知但祭祀殺訖即有薦爛薦孰何得更以肉縣于互乎然當是始殺解體未薦之時且縣于互待解訖乃薦之故得有互以縣肉也故詩云或剝或亨或肆或將注云肆陳也謂陳於互者也

牧故（學言札書）

充人下士二人史二人胥四人徒四十人充猶肥也養繫牲而肥之疏充人至十人○釋曰祭祀之牲本以諸官堪入祭祀者送付牧人至祭前三月選入充人芻之使之肥充故其職云祀五帝則繫于牢芻之三月故與牧人連類在此也

充人掌繫祭祀之牲牷祀五帝則繫于牢芻之三月牢閑也必有閑者防禽獸觸齧養牛羊曰芻三月一時節氣成疏充人至三月釋曰云充人掌繫祭祀之牲牷者但祭祀之牲皆體全具故以牷言之也云祀五帝者上云掌繫祭祀之牲牷則揔養天地宗廟之牲下別言祀五帝則略舉五帝而已其實昊天及地祇與四望社稷之等外神皆繫之也○注牢閑至氣成○釋曰云牢閑也者校人養馬謂之閑此養牛羊謂之為牢言閑見其閑衛言牢是其牢固所從言之異其實一物也云必有閑者防禽獸觸齧者案春秋有郊牛之口傷又鼷鼠食其角自外恐更有禽獸觸齧故鄭揔云焉云養牛羊曰芻者此經云繫于牢芻之惟據牛羊若犬豕則曰豢又不繫之矣云三月一時節氣成者釋必以三月之意案宣三年公羊云帝牲在于滌三月何休云滌宫名養帝牲三牢之處也三牢者各主一月取三月一時足以充天牲是其三月之義也享先王亦如之疏享先王亦如之○釋曰上經天地外神已別于上故今以先王亦如之亦繫于牢芻之三月也凡散祭祀之牲繫于國門使養之散祭祀謂司中司命山川

養馬曰閑 養牛羊曰牢——以防禽獸觸齧

養牛羊曰芻 犬豕曰豢

帝牲在滌三月

散祭祀——司中司命山川之屬

國門謂城門

之屬國門謂城門司門之官鄭司農云使養之使守門者養之。散素但反注同疏凡散至養之。釋曰云散祭之牲直言繫于國門使養之不言三月則或一旬之內而已不必三月也案楚昭王問于觀射父曰芻豢牲則不必三月其諸侯祭祀養牲幾何對曰遠不過三月近不過浹日。孔注云遠牛羊豕近犬雞之屬則諸侯祭祀養牲亦得三月及旬則天子亦有浹日之義若然此散祭祀亦可浹日而已。注散祭至養之。釋曰鄭知散祭祀謂司中司命山川之屬者見上文陽祀陰祀望祀告云毛之社稷四望已入毛之科內下別云凡時祀用牲物其中無社稷四望唯有天神司中司命以上地祇山川以下此散祭祀則上時祀之神也故知散祭祀是司中以下言之屬者其中兼有林澤百物之等也云國門謂城門司門之官者司門捴主王城十二門皆別有下士及府史胥徒今養牲者是十二門而云司門之官者捴官首而言之其實非司門自養則先鄭云使守門者養之是也

展牲則告牷。鄭司農云展具也具牲若今時選牲也充人主以牲牷告展牲者也玄謂展牲若今夕牲也特牲饋食之禮曰宗人視牲告充舉獸尾告備近之。近附近之近疏注鄭司至近之。釋曰先鄭以為選牲時後鄭不從者若是選牲時應在牧人牧人選訖始付充人今既在繫養之下乃言展牲則告牷明非初選牲故不從玄謂展牲若今夕牲也者此舉漢法以況之又引特牲禮者以其天子禮亡故舉以言焉案彼宗人視牲告充亦謂祭前之夕夕牲時云舉獸尾者士用兔腊言獸尾止謂兔也言近之者彼謂士禮引證天子法故云近之

碩牲則贊贊助也君牽牲入將致之助持之也春秋傳曰故奉牲以告曰博碩肥腯。疏碩牲則贊。釋曰上經夕牲時此經據正祭時言碩牲者謂君牽牲入廟卿大夫贊幣而從皆云博碩肥腯此充人既是養牲之官當助持牛紖而牽之。注贊助至肥腯。釋曰鄭知有君牽牲者見祭義云君牽牲穆荅君卿大夫序從天子亦當然又引春秋傳者此春秋左氏傳楚武王侵隨隨少師請追楚師季梁止之曰天方授楚楚之羸其誘我也臣聞小之能敵大也小道大淫又云今民餒而君逞欲祝史矯舉以祭臣不知其可也公曰吾牲牷肥腯粢盛豐備何則不信對曰夫民神之主也是以聖王先成民而後致力於神故奉牲以告曰博碩肥腯謂民力之普存。是其畜也

地官司徒

牧

校人｜馬官之長

六馬

十三經注疏 周禮三十三 夏官司馬下 十

校人中大夫二人上士四人下士十有六人府四人史八人胥八人徒八十人校之爲言校也主馬者必仍校視之校人馬官之長○校戶教反字從木若從手旁作是比校之字耳今人多亂之注校之校人同

疏校人至十人○釋曰在此者以馬共軍所用故其職云凡軍事物馬而頒之故在此官特尊而多者以王馬多故也○注校之至之長○釋曰云校之爲言校也者讀從曲禮與少儀效馬效羊取效見義以其養官畜者必效見之故鄭云主馬者必仍校視之仍者相仍有時數數程見之也云校人馬官之長者與下趣馬至圉人爲長有事皆取長官法度

校人掌王馬之政政謂差擇養乘之數也月令曰班馬政

疏注政謂至馬政○釋曰此經與下爲目下亦有邦國及家而云王馬者以尊爲主鄭云政謂差擇養乘之數也者經辨六馬是差擇也下云凡頒良而養乘是養乘也引月令者謂季秋之令彼注云馬政謂齊其色度其力使同乘引此職凡軍士物馬而班之皆是馬政故引爲證也

辨六馬之屬種馬一物戎馬一物齊馬一物道馬一物田馬一物駑馬一物種謂上善似母者以次差之玉路駕種馬戎路駕戎馬金路駕齊馬象路駕道馬田路駕田馬駑馬給宮中之役

疏注種謂至之役○釋曰六者皆有毛物不同故皆以物言之也此六者先善後惡次第而言也種馬上善似母者以其言種故知似母但種類亦有似父而言似母者以母爲主也知種馬駕玉路已下差次如此者以其言戎道田以事爲名則知戎馬駕戎路道馬駕道車田馬駕田路以此五者種馬最在上駕玉路可知駑馬最在下五路之外給役可知

凡頒良馬而養乘之乘馬一師四圉三乘爲皁皁一趣馬三皁爲繫繫一馭夫六繫爲廄廄一僕夫六廄成校校有左右駑馬三良馬之數麗馬一圉八麗一師八師一趣馬八趣馬一馭夫良善也善馬五路之馬鄭司農云四疋爲乘養馬爲圉故春秋傳曰馬有圉牛有牧玄謂二耦爲乘師趣馬馭夫僕夫帥之名也趣馬下士馭夫中士則僕夫上士也自乘至廄其數三百一十六匹易乾爲馬此應乾之筴也至校變爲言成者明六廄爲一廄而王馬小備也校有左右則良馬一種者四百三十二匹五種合二千一百六十匹駑馬三之則爲千二百九十六匹五良一駑凡三千四百五十六匹然後王馬大備詩云騋牝三千此謂王馬之大數與麗耦也駑馬自圉至馭夫凡馬千二十四匹與三良馬之數不相應八皆宜爲六字之誤也師十二匹趣馬七十二匹則馭夫四百三十二匹矣然後而三之既三之無僕夫者不駕於五路卑之也○乘繩證反注及下注乘匹同圉魚呂反皁才早反趣倉走反劉沈清須反下同繫音計本亦作轂廄九又反應應對之應筴初革反騋音來牝頻忍反劉又扶忍反數與音餘下禮與皆同

【疏】凡頒至馭夫○釋曰言頒良馬對下別言駑馬養馬有多少不同故別言良馬也言養乘之者已下皆四四爲耦是因養馬乘習之○注良善至之也○釋曰云善馬五路之馬者據上文而言之也春秋傳曰者昭七年楚芋尹無宇執人於王宮言馬有圉牛有牧引之證養馬爲圉也玄謂師趣馬馭夫僕夫帥之名也者皆以寡領衆故知主帥之名也云趣馬下士馭夫中士則僕夫上士也序官有趣馬下士皁一人徒四人馭夫中士二十八無僕夫士數之文以此文官尊者管卑者馭夫既中士明僕夫上士可知云自乘至廄其數三百一十六匹易乾爲馬此應乾之筴也者按易天一生水北方地二生火南方天三生木東方地四生金西方天五生土中央是謂陽無匹陰無耦又地六成水北方天七成火南方地八成木東方天九成金西方地十成土中央是謂陽有匹陰有耦取生數一二三四五著取成數六七八九十若然東方南方生長之方故七爲少陽八爲少陰西方北方成熟之方故九爲老陽六爲老陰不取十者中央配四方故也是以易之六爻卦畫七八爻稱九六七八九六既配四方故九六皆以四乘之乾之六爻以四乘九四九三十六六爻故二百一十六是爲乾之筴也云校有左右則良馬一種者四百三十二匹者經云六廄成校據一廂言之王馬小備下云校有左右則十二廄爲十二閑若據一廂一廄爲二百一十六匹據兩廂倍之故四百三十二匹種別四百三十二匹五種計之自然揔合二千一百六十匹又蓋駑馬三良馬之數三个四百三十二則得千二百九十六匹五良一駑揔計自然凡三千四百五十六匹對前小備故云然後王馬大備也詩云騋牝三千此衛文公滅而復興從而能盛計諸侯止合六閑馬其三千是王馬之數雖非禮制國人美之故鄭云王馬之大數言大數者不言四百五十六故也言與者約同王馬之數故言與以疑之也云駑馬自圉至馭夫凡馬千二十四匹與三良之數不相應者依經八計之得此千二十四匹其三良馬有千二百九十六匹故言不相當若作六計得千二百九十六匹與三良馬數合故破從六也按此經乘馬一師四圉三乘爲皁皁一趣馬三皁爲繫繫一馭夫按序官云趣馬下士皁一人徒四十八人即此以云皁一趣馬合自師至馭夫中士二十八人下士四十八人并之六十正充此良馬之馭夫又不見駑之馭夫者或脱也

校人

天子十有二閑馬六種邦國六閑馬四種家四閑馬二種降殺之差每廏爲一閑諸侯有齊馬道馬田馬大夫有田馬各一閑其駑馬則皆分爲三焉。○殺所界反 疏 注降殺至三焉。○釋曰天子十二閑六種義已在上云諸侯有齊馬道馬田馬大夫有田馬各一閑其駑馬皆分爲三焉者以駑馬三良之數上下同故爲此解趙商問校人職天子有十二閑六種爲三千四百五十六匹邦國六閑馬四種爲二千五百九十二匹家四閑馬二種爲千七百二十八匹商按天子之卿采地食小都大夫食縣不審所由當能共此馬數故禮記家富不過百乘謂其多也司馬法論之甸方八里有戎馬四匹長轂一乘今大夫采地四甸一甸稅又給王其餘三甸纔有馬十二匹今又就校人之職相校人之職相校甚異何荅曰邦國六閑四種其數適當千二百九十六匹家有四閑二種又當八百六十四匹今子以何術計之乎此馬皆君之所制爲非謂民賦畿內百里之國者居四都五十里之國居四縣二十五里之國居四甸而引天子卿食小都大夫食縣欲何以難又司馬法甸有戎馬四匹長轂一乘此爲民出軍賦無與於天子國馬之數事條未理而多紛紜趙商云邦國二千五百九十二匹者謂三良一良四百三十二匹三良千二百九十六匹駑三其一種亦千二百九十六匹故合爲二千五百九十二匹家四閑馬二種爲千七百二十八匹謂良馬二種四百三十二匹駑馬一種三良馬一種亦千三百九十六匹并之千七百二十八匹正合於數鄭不從者天子十二閑分爲左右二種馬分爲兩廏故一種馬有四百三十二匹諸侯及大夫直一廂不分爲左右則良馬惟有三廏三良居三廏其數六百四十八匹駑馬亦三其一種其數亦六百四十八匹并之千二百九十六匹家有二種一良一駑良居一廏二百一十六匹駑馬三之爲六百四十八匹并之爲八百六十四匹故鄭氏云子以何術計之

凡馬特居四之一欲其乘之性相似也物同氣則心一鄭司農云四之一者三牝一牡 疏 注欲其至一牡。○釋曰云欲其乘之性相似也者是使三牝各產其一通牡爲四共駕一車取同氣一心之義

祭馬祖

春祭馬祖執駒馬祖天駟也孝經說曰房爲龍馬鄭司農云執駒無令近母猶攻駒也二歲曰駒三歲曰駣玄謂執猶拘也春通淫之時駒弱血氣未定爲其乘匹傷之○令力呈反下令皆同近附近之近駣徐音肇劉音道李湯堯反沈徒刀反爲于僞反下爲蹄齧同疏注馬祖至傷之○釋曰馬與人異無先祖可尋而言祭祖者則天駟也故取孝經說房爲龍馬是馬之祖春時通淫求馬蕃息故祭馬祖先鄭云二歲曰駒三歲曰駣爾雅文云玄謂春通淫之時駒弱血氣未定爲其乘匹傷之者論語孔子云血氣未定戒之在色馬亦如此故引之而言也按月令仲夏縶騰駒注云爲其牝氣有餘相蹄齧彼牝氣有餘相蹄齧縶之不爲駒弱者縶有二種此謂二歲者彼據馬之大者故不同也

夏祭先牧頒馬攻特先牧始養馬者其人未聞夏通淫之後攻其特爲其蹄齧不可乘用鄭司農云攻特謂騬之○蹄大計反又音啼後同騬音繩又音繩疏注先牧至騬之○釋曰知先牧是養馬者以其言先牧是放牧者之先知是始養馬者祭之者夏草茂求肥充云攻特者夏通淫後攻其特馬其相蹄齧不可乘用故也

秋祭馬社臧僕馬社始乘馬者世本作曰相土作乘馬鄭司農云臧僕謂簡練馭者令皆善也玄謂僕馭五路之僕○臧子郎反相息亮反疏注馬社至之僕○釋曰秋祭馬社者秋時馬肥盛可乘用故祭始乘馬者秋而臧僕者亦秋時萬物成教之使善

冬祭馬步獻馬講馭夫馬步神爲災害馬者獻馬見成馬於王也馭夫馭貳車從車使車者講猶簡習○見賢遍反下同從才用反疏注馬步至簡習○釋曰馬神稱步謂若玄冥之步人鬼之步之類步與酺字異音義同云獻馬見成馬於王也者以秋時萬物成亦獻成馬於王也云馭夫馭貳車從車使車者馭夫文也云講猶簡習者亦謂秋時物成講之使成

夏官校人

齊色　齊力　齊足

凡大祭祀朝覲會同毛馬而頒之毛馬齊其色也頒授當乘之○毛如字劉莫報反疏注毛馬至乘之○釋曰此三者皆須馬從王故知毛馬而頒之爲齊其色者按毛詩傳云宗廟齊豪尚純也戎事齊力尚强也田獵齊足尚疾也爾雅亦云雖據宗廟至於田獵軍旅既尚疾尚力亦尚色也故下云凡軍事物馬而頒之是尚力也詩云四騵彭彭武王所乘又云四鐵孔阜秦襄公以田是齊色不專據宗廟飾幣馬執扑而從之鄭司農云校人主飾之也幣馬以馬遺人當幣處者也聘禮曰馬則北面奠幣于其前士喪禮下篇曰薦馬纓三就入門北面交轡圉人夾牽之馭者執策立于馬後○扑普卜反劉方溝反遺惟季反疏注鄭司至馬後○釋曰先鄭云以馬當幣處者見經云飾幣馬馬可飾幣非可飾之物又見下文凡國之使者共其幣馬注云使者所用私覿則知此直以馬遺人無幣且王家遺人無庭實故覲禮勞侯氏用璧無庭實也引聘禮者按聘禮此謂賓入境展幣時布幕訖皮則陳於幕上馬則於幕南北面奠幣於其前引之者證彼則有幣有馬引士喪禮下篇者據將葬朝廟時陳設之事馬爲擬乘車所駕故薦之纓三就者謂馬駷三成舒之入門北面者陳之於廟庭也言交轡者士兩馬二人牽之引之者證馬有飾之事也凡賓客受其幣馬賓客之幣馬來朝聘而享王者疏注賓客至王者○釋曰言賓客來朝享王者大行人云廟中將幣三享者是也使客來聘享王者玉人職瑑圭璋璧琮以覜聘者也

十三經注疏　周禮三十三　夏官司馬下　廿二

校人

凡國之使者共其幣馬使者所用私覿○使所吏反注同疏注使者所用私覿○釋曰言國之謂王使之下聘問諸侯王行禮後乃更以此幣馬私與主君相見謂之私覿諸侯之臣與君同行不得私覿若特聘則有之則聘禮私覿是也若然上文飾幣馬是以馬遺人法非聘故無私覿前賓客來朝聘不言私覿者諸侯之臣於天子不敢行私覿故也凡軍事物馬而頒之物馬齊其力疏注物馬齊其力○釋曰上朝會言毛馬鄭云齊其色此軍事言物馬鄭云齊其力物即是色而云齊力當與上文互以見義欲見皆有力有色也

校人

牧

趣馬

趣馬下士阜一人徒四人 趣馬趣養馬者也鄭司農說以詩曰蹶維趣馬○趣七口反劉清須反注同阜才早反趣養清須反又七口反一音七句反蹶居衛反 疏 注趣馬至趣馬○釋曰在者按其職云掌正良馬而齊其飲食是以鄭云趣馬趣養馬者故在此也先鄭說以詩云蹶惟趣馬者彼詩是刺幽王之詩其詩臣名蹶惟作趣馬之官權寵之例引以證趣馬是官名也

趣馬掌贊正良馬而齊其飲食簡其六節 贊佐也佐正者謂校人臧僕講馭夫之時簡差也節猶量也差擇王馬以爲六等 疏 注贊佐至六等○釋曰鄭云佐正者校人臧僕講馭夫之時者以其校人是養馬官之長校人職有此諸事而云佐正明佐此二者可知云差擇王馬六等即上種戎齊道田駑是也 掌駕說之頒 用馬之第次○說始銳反 疏 注用馬之第次○釋曰凡用馬當均勞逸故駕說須依次第即頒是第次之序故知是用馬之第次也 辨四時之居治以聽馭夫 居謂牧庌所處治謂執駒攻特之屬○治直吏反注同庌音雅後同 疏 注居謂至之屬○釋曰云辨四時之居治者謂二月已前八月已後在廄二月已後八月已前在牧故云四時也云牧庌者放牧之處皆有庌廡以蔭馬也以趣馬下士屬馭夫中士故云聽馭夫知治是執駒攻特者以是校人之事趣馬當佐之明是此二事也

馬之巫醫

馬死鬻之

巫馬下士二人醫四人府一人史二人賈二人徒二十人 巫馬知馬祖先牧馬社馬步之神者馬疾若有犯焉則知之是以使與醫同職 疏 巫馬至十八○釋曰巫知馬祟醫知馬病故連類在此也有賈者治馬死生須知馬價故有賈人也○注巫馬至同職○釋曰馬祖之等並在下文有人犯者與爲祟巫則知之爲之謝過必與醫同職者巫言無祟則是時氣及損傷付醫治之故二官同職也

巫馬掌養疾馬而乘治之相醫而藥攻馬疾受財于校人 乘謂驅步以發其疾知所疾處乃治之相助也○相息亮反注同 疏 巫馬至校人○釋曰巫知馬祟醫知馬疾疾則以藥治之祟則辨而祈之二者相須故巫助醫也云受財者謂共祈具及藥直 馬死則使其賈粥之入其布于校人 布泉也鄭司農云賈謂其屬官小吏賈一人粥賣也○賈音嫁注同又音古粥音育

牧師下士四人胥四人徒四十人主牧放馬而養之○牧舊音目劉音茂沈音木疏注主牧放馬而養之○釋曰在此者按其職云掌牧地是放馬故與校人連類在此也

牧師掌牧地皆有厲禁而頒之頒馬授圉者所牧處疏注頒馬至牧處○釋曰圉人掌養馬者故圉人職云掌養馬芻牧之事言厲禁者謂可牧馬之處亦使其地之民遮護禁止不得使人輒牧牛馬也孟春焚牧焚牧地以除陳生新草也疏注焚牧至草也○釋曰孟春謂夏之孟春建寅之月草物將出之時牧處燒焚地除陳草生新草也中春通淫中春陰陽交萬物生之時可以合馬之牝牡也月令季春乃合累牛騰馬遊牝于牧秦時書也秦地寒涼萬物後動○中音仲注同累力追反劉音類疏注中春至後動○釋曰按月令季春乃合累牛騰馬遊牝於牧彼注云此月可以合牛馬繫在廄者其牝欲游則就牧而合之若然彼不繫在廄亦二月通淫則與此經合矣今此注以爲月令秦時書秦地寒涼萬物後動與彼注不同者鄭君兩解故彼此不同也掌其政令凡田事贊焚萊焚萊者山澤之虞疏注凡田事贊焚萊○釋曰焚萊自是山澤之虞當二月焚萊除陳生新之時則此官贊山澤之虞也

廋人 馬八尺以上

廋人下士閑二人史二人徒二十人廋之言數○廋所求反數色主反數之同 疏 注廋之言數○釋曰在此者按其職云掌十有二閑之政阜馬佚特之等故與馬官連類在此也

廋人掌十有二閑之政教以阜馬佚特教駣攻駒及祭馬祖祭閑之先牧及執駒散馬耳圉馬九者皆有政教焉阜盛壯也詩云四牡孔阜杜子春云佚當爲逸鄭司農云馬三歲曰駣二歲曰駒散讀爲中散大夫之散謂聒馬耳毋令善驚也玄謂逸者用之不使甚勞安其血氣也教駣始乘習之也攻駒制其蹄齧者閑之先牧先牧制閑者散馬耳以竹括押其耳頭動搖則括中物後遂串習不復驚○佚音逸散素但反注同聒古活反毋音無令力呈反下使令同押音甲中物丁仲反復扶又反 疏 注九者至復驚○釋曰云掌十有二閑之政者此文與下九者爲目故鄭云九者皆有政教焉引詩者證阜爲盛義也子春以佚爲逸後鄭從之增成其義先鄭散讀爲中散大夫之散取音同也謂聒馬無令善驚後鄭亦增成其義後鄭云閑之先牧先牧制閑者以其通閑言之也若然上云夏祭先牧者直是先養馬者非制閑之人 正校人員選校人謂師圉也正員選者選擇可備員者平之 疏 注校人至平之○釋曰知校人是師圉者凡言正者以尊正卑自趣馬已上並上官非廋人所正故知所正者師圉 馬八尺以上爲龍七尺以上爲騋六尺以上爲馬大小異名爾雅曰騋牡驪牝玄駒褭驂鄭司農云以月令曰駕蒼龍○上時掌反下同牡茂後反驪力知反牡驪絕句牝頻忍反絕句褭奴了反劉音繞郭璞音同劉義異鄭 疏 注大小至蒼龍○釋曰引爾雅所釋作詩騋牝三千但詩直音牝不言牡爾雅之意以詩人美衛文公直牝有三千其實兼有牝故云騋中所有牝則驪色牡則玄色兼有駒褭驂引之者證騋是馬色先鄭引月令者謂春之三月天子聽朔及祀帝皆駕蒼龍順時色引之以證龍是馬也

圉師　圉人

圉師乘一人徒二人圉人良馬匹一人駑馬麗一人養馬曰圉四馬爲乘良善也麗耦也○圉魚呂反乘繩證反注同麗如字疏圉師至二人○釋曰在此者以其掌養馬也○注養馬至耦也○釋曰在此者按其職云掌養馬芻牧之事以役圉師亦是爲馬故亦連類在此也

圉師掌教圉人養馬春除蓐釁廄始牧夏庌馬冬獻馬射則充椹質茨牆則翦闔蓐馬茲也馬既出而除之新釁焉神之也春秋傳曰凡馬日中而出日中而入故字庌爲訝鄭司農云當爲庌玄謂庌廡也廡所以庇馬者也充猶居也茨蓋也闔苫也椹質翦闔圉人所習也杜子春讀椹爲齊人言鈇椹之椹椹質所射者習射處○蓐音辱茨在私反闔戶臘反訝五嫁反廡亡甫反庇必二反又音祕苫傷占反鈇方符反射食亦反疏注蓐馬至射處○釋曰圉師即校人云良馬乘一師四圉者也云夏庌馬者即趣馬辨四時之居是也云冬獻馬者即校人冬獻馬尊卑連事相成者也春秋傳者左氏莊二十九年新延廄書不時延廄當於馬時故云凡馬日中而出日中而入謂春分秋分時令之孟春新延廄故云不時也云圉人所習也者茎取椹斬茎則苫蓋之類也皆圉人所習之事子春云椹質所射者習射處者按司弓矢云澤則共椹質之弓矢此云射則充椹質皆謂釋宫中試弓習武時所充也

圉人掌養馬芻牧之事以役圉師役者圉師使令焉疏注役者至令焉○釋曰乘馬一師四圉四圉人受圉師之所使令焉凡賓客喪紀牽馬而入陳賓客之馬王所以賜之者詩云雖無予之路車乘馬喪紀之馬啓後所薦馬疏注賓客至薦馬○釋曰雖同牽馬入陳賓客與喪紀所陳有異何者若擯賓客則在館天子使人就館而陳之若喪紀則謂將葬朝廟時既夕禮薦馬纓三就者是也天子朝廟亦當在祖廟中陳設明器之時亦遣人薦馬及纓入廟陳之此馬謂擬駕乘車吉器最先者也廄馬亦如之廄馬遣車之馬人捧之亦牽而入陳○捧衆家並扶恭反疏注廄

馬至入陳○釋曰此遣車則天子九乘載所苞遣奠以入壙皆人捧之云亦牽而入陳者亦於祖廟陳此明器也但遣車及馬各使人別捧故上注云行則解脫之是也

收

牛馬之調查
以當予向慕

收業圖

仲冬不收藏積聚放佚馬牛畜獸取勿詰

是月也農有不收藏積聚者馬牛畜獸有放佚者取之不詰此收斂尤急之時人有取者不罪所以警懼其主也王居明堂禮曰孟冬之月命農畢積聚繫收牛馬。詰起吉反

疏注明堂至牛馬。正義曰引之者證若不積聚收牛馬他人取之不詰俗本作牧定本作收。

實業叢鈔

礦物

石

陸石仁兄：示次函悉。數將者非怪異之謂

一笑　廿七來

十三日
張季直

衣乎曰否許子衣褐許子冠乎曰冠曰奚冠曰冠素曰
自織之與曰否以粟易之曰許子奚爲不自織曰害於
耕曰許子以釜甑爨以鐵耕乎曰然自爲之與曰否以
粟易之衣去聲與平聲
以粟易械器者不爲厲陶冶陶冶亦以其械器易粟者
豈爲厲農夫哉且許子何不爲陶冶舍皆取諸其宮中
而用之何爲紛紛然與百工交易何許子之不憚煩曰
百工之事固不可耕且爲也舍去聲
然則治天下獨可耕且爲與有大人之事有小人之事

嗸音豪，吾高切。廣韻：俊健也。陛音堆。

一尺而至於泉。付山白徒十四施，九十八尺而至於泉。中陵十五施，百五尺而至於泉。青山十六施，百一十二尺而至於泉。青龍之所居，庚泥不可得泉。庚，續。其處既有青龍居，又沙泥相續，故不可得泉也。赤壤務山十七施，百一十九尺而至於泉，其下清商，不可得泉。青商神怪之名。陛山白壤十八施，百二十六尺而至於泉，其下駢石不可得泉。言有石駢密，故不可得泉。徙山十九施，百三十三尺而至於泉，其下有灰壤不可得泉。高陵土山二十施，百四十尺而至於泉。山之上，命之曰縣泉。其地不乾，其草如茅與走，如茅走皆草名。其木乃樠。樠木名。鑿之二尺，乃至於泉。山之上，命曰復呂。其草魚腸與藸，其木乃柳，鑿之三尺而至於泉。山之上，命之曰泉英。其草蘄白昌，其木乃楊，鑿之五尺而至於泉。山之材。材猶旁也。其草兢與薔，音嗇，草名。其木乃格，鑿之二七十四尺而至於泉。山之側，其草葍與蔞，其木乃品榆，鑿之三七二十一尺而至於泉。凡草土之道，各有穀造。謂此也生

卝

卝人中士二人下士四人府二人史二人胥四人徒四十人卝之言礦也金玉未成器曰礦○卝徐音礦虢猛反劉候猛反礦音虢猛反

疏注卝之至曰礦○釋曰經所云卝是總角之卝字此官取金玉於卝字無所用故轉從石邊廣以其金玉出於石左形右聲從礦字也云金玉未成器曰礦以其此官不造器物直取金錫玉石以供冬官百工故言金玉未成器曰礦

金玉之等出於地故在此也

卝人掌金玉錫石之地而爲之厲禁以守之錫鉛也○卝革猛反又虢猛反劉侯猛反沈工猛反錫星歷反鉛以忍反劉常忍反疏卝人至守之○釋曰此金玉錫石四者皆在於山言地者即山也爲之厲禁亦謂使其地之民遮護守之若以時取之則物其地圖而授之物地占其形色知鹹淡也授之教取者之處○啖音直覽反本亦作淡疏若以至授之○釋曰取此四者雖無四時之文當取之日應亦有時故云以時取之○注物地至之處○釋曰經云物故以占其形色言之云知鹹淡者鄭以當時有人採者嘗知鹹淡即知有金玉故以時事言之也巡其禁令行其禁明其令

（地道）

卝人
卝乃總角之卝，借爲礦
隨時采此，嘗鹹淡即知有金玉

青銅用日，采銅時地，遂立官，後遂爲常，見其用
礦卝

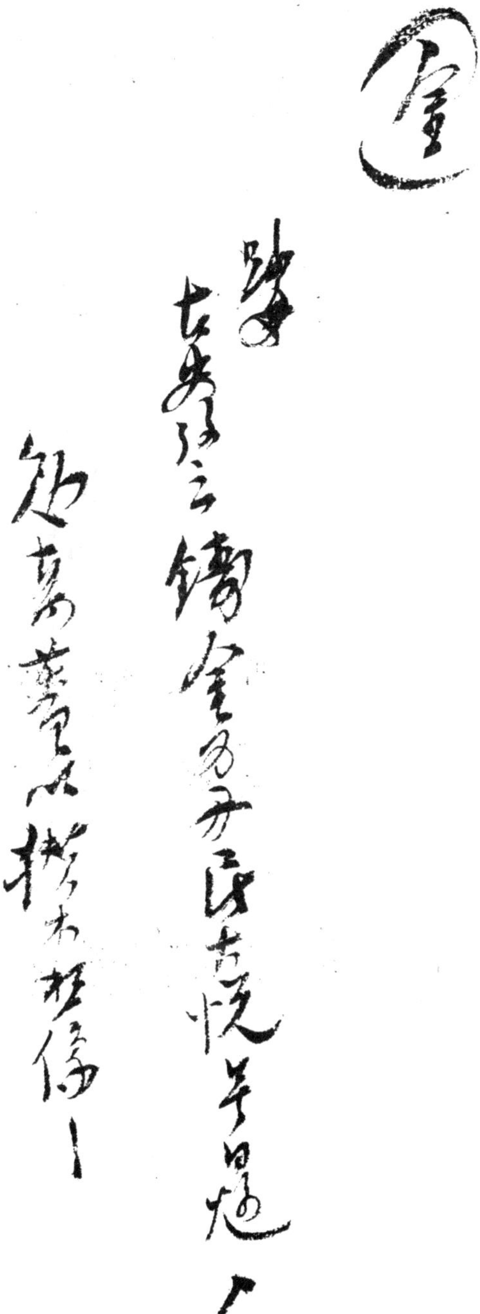

物什

此冊材料居勝……

從南北朝到現六頁

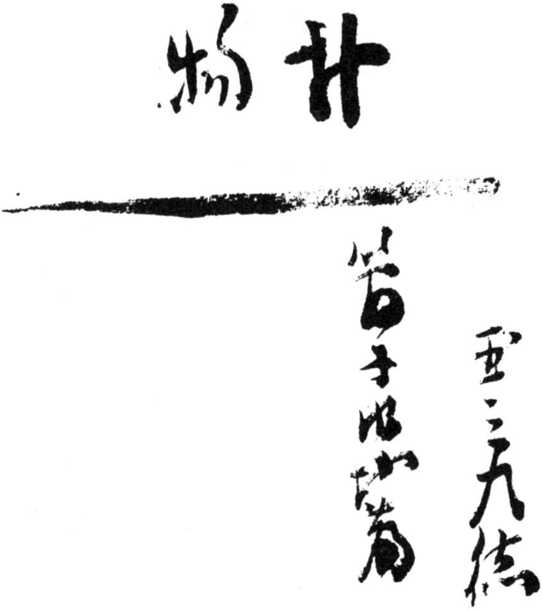

材物

羝色多白
山海經五引叢岐山

物件

讀實業
覽鼎湖之名則言黃帝採首山銅鑄鼎而
龍垂胡髯迎黃帝矣
一　論衡七篇之屢著其迹東坡跋聞黃帝上仙之
真者則常銅亦妄也茍可據乃其取采乎之
證金

財物

金三品

厥貢惟金三品金銀銅也疏傳金銀銅也○正義曰金既總名而云三品黃金以下惟有白銀與銅耳故爲金銀銅也釋器云黃金謂之璗其美者謂之鏐白金謂之銀其美者謂之鐐郭璞曰此皆道金銀之別名及其美者也鏐即紫磨金也鄭玄以爲金三品者銅三色也

天有時地有氣材有美工有巧合此四者然後可以爲良時寒溫也氣剛柔也良善也○合如字劉音閤疏

注時寒至善也○釋曰此經已下說作器之法須合天時地氣之義將欲說已下不善之事故先於此說四者和合乃善之意也云時寒溫也者謂若弓人春液角夏治筋秋合三材冬定體之屬是依寒溫而作材美工巧

然而不良則不時不得地氣也不時不得天時橘踰淮而北爲枳鸜鵒不踰濟貉踰汶則死此地氣

然也鸜鵒鳥也春秋昭二十五年有鸜鵒來巢傳曰書所無也鄭司農云不踰濟無妨於中國有之貉或爲獾謂善緣木之獾也汶水在魯北○枳古氏反鸜徐劉音權公羊傳同本又作鸜左傳同其俱反鵒音欲濟子禮反四瀆水

貉戶各反獸名依字作貈汶音問水名獾音袁疏注鸜鵒至魯北○釋曰左氏傳作鸜鵒公羊傳作鸛鵒此經注皆作鸜字與左氏同春秋昭二十五年有鸜鵒來巢傳曰書所無也先鄭云不踰濟無妨於中國有之者按異義公羊以

爲鸜鵒夷狄之鳥穴居今來至魯之中國巢居此權臣欲自下居上之象穀梁亦以爲夷狄之鳥來中國義與公羊同左氏以爲鸜鵒來巢書所無也彼注云周禮曰鸜鵒不踰濟今踰宜穴而又巢故曰書所無也許君謹按從二傳後鄭駮之

云按春秋言來者甚多非皆從夷狄來也從魯疆外而至則言來鸜鵒本濟西穴處今乃踰濟而東又巢爲昭公將去魯國今先鄭云不踰濟無妨於中國有之與後鄭義同也云貉或爲獾謂善緣木之獾也者先鄭依或讀爲貉別更爲一解

云汶水在魯北汶陽田或屬齊或屬魯是齊南魯北故云魯北鄭之刀宋之斤魯之削吳粵之劍遷乎其地而弗能爲良地氣然

也去此地而作之則不能使良也○削如字本思約思詔二反疏注去此至良也○釋曰若據經所言則鄭之刀以此刀之鐵移向宋而作斤宋之斤移向鄭而作刀皆不得爲良故指刀斤削劍而言皆地氣使然故鄭云去

此地而作之不能使良也燕之角荆之幹妢胡之笴吳粵之金錫此材之美者也荆荆州也幹柘也可以爲弓弩之幹妢胡胡子之國在楚旁笴

矢幹也禹貢荆州貢櫄幹栝柏及箘簵楛故書笴爲筍杜子春云妢讀爲焚咸丘之焚書或爲邠妢胡地名也筍當爲笴笴讀爲稾謂箭稾○妢扶云反笴古老反注作稾同幹古旦反或古旱反櫄勑倫反箘其隕反李其轉反簵音路栝音楛

天有時地有氣材有美工有巧合此四者然後可以爲良

妢胡

周之妢當慎氏貢楛矢石砮

尚書作楛音 【疏】燕之至者也○釋曰自此已下說材之事也○注荊荊至箭槀○釋曰云荊荊州也者按禹貢荊州貢
同鄉彼貧反 櫄榦栝柏及箘簬楛三邦底貢注云櫄榦栝柏四木名榦柘幹箘竹聆風楛木類周之始肅慎氏貢楛
矢石砮此州中生聆風與楛者衆多三國致之云妢胡在楚别言妢胡之笴者荊即楚也以州言之若然妢胡得與楚别
旁者定四年左氏云頓子胡子者是也若楚旁則亦屬荊州言也子春云妢讀為焚咸丘之焚者左氏桓七年春二月已
亥焚咸丘公羊云焚之者何樵之也樵之者何以火攻也咸丘者
何邾婁之邑也云笴讀為槀謂箭槀者即槀人職掌箭槀是也 **天有時以生有時以殺草木有時以生**
有時以死石有時以泐水有時以凝有時以澤此天時也 言百工之事當審其時也鄭司農云泐讀
如再扐而後卦之扐泐謂石解散也夏時
盛暑大熱則然○泐音勒澤音亦李音 【疏】注百工至則然釋曰云百工之事當審其時也者弓人所云四時者是也先
釋扐音勒卦如字又俱賣反解音蟹 鄭云泐讀如再扐如後卦之扐者此扐謂揲蓍之法故易云分之為二以象
兩卦一以象三揲之以四以象四時歸奇於扐
以象閏五歲再閏故再扐而後卦象其合集

職金上士二人下士四人府二人史四人胥八人徒八十人職主也 疏 職金○釋曰在此者案其職云掌凡金玉之戒令又云掌又金罰貨罰亦是刑獄之事故在此

職金掌凡金玉錫石丹青之戒令青空青也 疏 職金至戒令○釋曰此數種同出於山故職金摠主其戒令若然地官丱人已主又職金主之者彼官主其取此官主其藏故二官共主之也受其入征者辨其物之嬺惡與其數量楬而璽之入其金錫于為兵器之府入其玉石丹青于守藏之府為兵器者攻金之工六也守藏者玉府内府也鄭司農云受其入征者謂主受采金玉錫石丹青者之租稅也楬而璽之者楬書其數量以著其物也璽者印也既楬書揃其數量又以印封之今時之書有所表識謂之楬櫫○楬音竭璽音徙守劉音狩著直略反沈張慮反揃音牋識申志反又如字又音志 疏 受其至之府○釋曰此一經摠陳受藏金玉之事所從者謂若荆揚貢金三品雍州貢球琳琅玕之等皆職命受而藏之乃後分配諸府也入兵器之府言為者攻金之工須造作故云為守藏之府不造器物故云守也案山海經云有以金庭之山多黃金稷異之山多白玉杻楊之山其陽多赤金其陰多白金吉山其陽多玉青丘之山其陽多玉其陰多青䑸基之山多沙石白金此類甚多略言之矣○注為兵至楬櫫○釋曰云為兵器者攻金之工六也者考工記文彼云築冶鳧栗段桃築氏為削冶氏為戈戟鳧氏為鍾栗氏為量段氏為鎛桃氏為劍也云守藏者玉府内府也者案玉府云掌王之金玉玩好兵器凡良貨賄内府云掌受九貢九賦九功之貨賄良兵良器故知守藏府是此二者也先鄭云主受采金玉錫石丹青者之租稅也者案山虞澤虞等出稅者皆以當邦賦斂稅之處不虛取也云既楬書揃其數量者楬

即今之板書揃即今録記文書謂以版記録量數多少并善惡爲後易分别故也入其要要凡數也入之於大府疏入其要○釋曰職金既知量數録要簿入大府掌受士之金罰貨
罰入于司兵給治兵及工直也貨泉貝也罰罰贖也書曰金作贖刑○贖常戍反下同一音蜀疏掌受至司兵○釋曰云掌受士之金罰者謂斷獄訟者有疑即使出贖旣言金罰又曰貨罰者出罰之家時或
無金即出貨以當金直故兩言之○注給治至贖刑○釋曰云貨泉貝也者漢書食貨志云王莽時有貨布大泉及貨貝
故知貨中泉貝兩有也云書曰者舜典文呂刑云墨罰疑赦其罰百鍰考工冶氏云戈戟重三鋝夏侯歐陽說云墨罰疑
赦其罰百率古以六兩爲率古尚書說百鍰鍰者率也一率十一銖二十五分銖之十三也百鍰爲三斤鄭玄以爲古之
率多作鍰鄭注冶氏云許叔重說文解字云鋝鍰也今東萊稱或以大半兩爲鈞十鈞爲鍰鍰重六兩大半兩若然鍰鋝
一也言大半兩是三分兩之二鄭意以此爲正故不從諸家以六兩爲鍰且古者言金金有兩義若相對而言則有金銀
銅鐵爲異若散而言之揔謂之金是以考工記云六分其金而錫居一之等皆是銅是以禹貢揚州云貢金三品孔以爲
金銀銅鄭以爲銅三色是對散有異但古出金贖罪皆據銅爲金若用黃金百鍰乃至大辟千鍰無齊之理旅于上帝則共其金版饗諸侯亦如之餅金謂之版此版所施未
聞○版音板餅必領反疏注餅金至未聞○釋曰旅上帝謂祭五天帝於四郊及明堂饗諸侯謂若大行人上公三饗侯伯再饗子男一饗之等此旅上帝及饗二者皆設金版鄭云所施未聞也凡國有大故
而用金石則掌其令主其取之令也用金石者作槍雷椎椁之屬○槍七羊反雷劉音誄沈云當爲礌郎對反椎直追反椁宅耕反本又作桲劉云皆如字劉亦誤疏凡國至其令○釋曰用金石而
云大故止謂寇戎爲禦捍之器有用金石者也○注主其至之屬○釋曰職金主受金
則所出之處故主其取金之令云金石者作槍雷椎椁之屬者皆謂守城禦捍之具

公使三匠久公使優

狡盟拳彌（優狡俳優也拳彌衛大夫使俳優盟之欲恥辱也）○少詩照反優音憂狡古卯反拳音權俳皮皆反而甚近信之故褚師比（襪登席者）○近附近之近下注皆同公

孫彌牟（喪邑者）○喪息浪反公文要（失車者）司寇亥（奪政者）司徒期因三匠與拳彌以作亂皆執利兵無者執

斤（斤工匠所執）使拳彌入于公宮（信近之故得入）而自大子疾之宮譟以攻公鄄子士請禦之（鄄子士衛大夫）○譟素報

反鄄音絹禦魚呂反後倣此彌援其手曰子則勇矣將若君何（言不可救）○援音袁不見先君乎君何所不逞欲（先君蒯聵也亂不速

奔故為戎州所殺欲令早去）○令力呈反且君嘗在外矣豈必不反當今不可衆怒難犯休而易間也乃出將適蒲（

蒲近晉邑）○易以豉反間間廁之間下注內間為君間皆同彌曰晉無信不可將適鄄（鄄齊晉界上邑彌詐不知謀故公信之）彌曰齊晉爭我不可將

適泠（泠近魯邑）○泠力丁反彌曰魯不足與請適城鉏（城鉏近宋邑）○鉏仕居反以鉤越越有君（宋南近越轉相鉤牽）○鉤古侯反本或作拘注同乃

適城鉏彌曰衛盜不可知也請速自我始乃載寶以歸（欺衛君言君以寶自隨將致衛盜請速行已為先發而因載寶歸衛也）

乙

量。
田器
刃
金與錫之攙和
鑒燧——取明水、火之器

攻金之工築氏執下齊冶氏執上齊鳧氏爲聲㮚氏爲量段氏爲鎛器桃氏爲刃多錫

爲下齊大刃削殺矢鑒燧也少錫爲上齊鍾鼎斧斤戈戟也聲鍾錞于之屬量豆區鬴也鎛器田器錢鎛之屬刃大刃刀劒之屬○齊才細反下及注皆同段丁亂反削如字李音笑下同燧音遂錞音淳區烏侯反鬴音輔錢子踐反 疏 攻金至爲刃○釋曰此經與下爲目云築氏執下齊冶氏執上齊者據下文六等言之四分已上爲上齊三分已下爲下齊築氏爲削在二分中上仍有三分大刃之等亦是下齊若然築氏於下齊三等之內於此舉中言之鳧氏爲聲按鳧氏爲鍾此言聲者鍾類非一故言聲以包之故注云聲鍾錞于之屬桃氏爲刃按下文桃氏爲劒此言刃變言之者亦是劒類非一故注云刃大刃刀劒之屬也○注多錫之屬○釋曰云多錫爲下齊者據下文參分其金而錫居其一謂之大刃之齊云削殺矢者即下文云五分其金而錫居二謂之削殺矢之齊是也云鑒燧也者即下文金錫半謂之鑒燧之齊是也云少錫爲上齊鍾鼎斧斤戈戟也者即下文四分其金而錫居一謂之戈戟之齊已上皆是上齊若然鳧氏入上齊桃氏入下齊其㮚氏爲量段氏爲鎛器亦當入上齊中云量豆區鬴也者左氏傳晏子云齊舊四量豆區釜鍾四升爲豆四豆爲區各自其四以登於釜釜十則鍾云鎛器田器錢鎛之屬者詩云庤乃錢鎛注云錢銚鎛鎒是也云刃大刃刀劒之屬者桃氏爲劒及刀皆大刃也

金有六齊目和金之品數六分其金而錫居一謂之鍾鼎之齊五分其金而錫居一謂之斧斤之

齊四分其金而錫居一謂之戈戟之齊參分其金而錫居一謂之大刃之齊五分其金而錫居二謂之削殺矢之齊金錫半謂之鑒燧之齊鑒燧取水火於日月之器也鑒亦鏡也凡金多錫則忍白且明也○則忍音刃疏金有至之齊○釋曰上文築氏執下齊冶氏執上齊今於此文戈戟之齊在四分其金而錫居一之中則此已上六分其金與五分其金在上齊中參分其金已下爲下齊中可知其斧斤在上齊上齊中惟有冶氏造戈戟則斧斤亦當冶氏爲之矣○注鑒燧至明也○釋曰云取水火於日月之器也者司烜氏職文云凡金多錫則刃白且明也者據大刃已下削殺矢等鑒燧入且明之内

實業（商）

晉書武帝紀泰始五年正月。癸巳。申戒郡國計吏守相令長務盡地利。禁游食商販。（三下）

又地理志。司州河南郡。洛陽置尉五部三市。東西七里。南北九里。（五下）

又樂志。拂舞歌詩。孟冬十月。北風徘徊。……錢鎛停置。農收積場。逆旅整設。以通賈商。（卅三下）

又宗室傳。義陽成王望之子。奇。[illegible]。[illegible]。[illegible]。累遷黃門郎。出補[illegible]……以其子奇[illegible]。奇亦好畜聚。而不知紀極。遣三部使到交廣商貨。為有司所奏。太康九年。詔貶為三縱亭侯。（四七下）

又陸雲傳。出補浚儀令。縣居都會之要。名為難理。雲到官肅然。下

不於斯。市無二價。（見三の76）
習聞言生間傳之籌策可恃。於斯乃數市。無可諱者。疑慮全以百
雜。（見九85）
西園漢傳初異之未平也。漢往年陽西北為互市而謀將私求
事以為功，甚將勞敝守格，終中共見，雖為將在錦陽與野，加曰
……不誘兵為小利而忘大備也……（見○4）
西祖然後不敢觀其白處。彼國輿論偏然無益。陵與然者。求
且使至市。然不換者。西域互市。收利十倍。（見二85）
又元の互傳于是揚去，憲遭灣不絕。言對江路。商旅通繞，格多
以秘書之。士卒並給糧糠。（見の97）

晉書陶侃傳：……重爲太守。時天下饑荒，山夷多斷江劫掠，侃令諸將詐作商船以誘之。劫果至，生獲數人，是西陽王羕之左右。侃即遣兵逼羕，令出向賊。侃整陳於釣臺爲後繼。羕縛送帳下二十人，侃斬之。自是水陸肅清，流亡者歸之盈路，侃竭資振給焉。又立夷市於郡東，大收其利。（卷六六）

又良吏傳：魯芝，轉天水太守。郡鄰於蜀，數被侵掠，戶口減削，寇盜充斥。芝傾心鎮衛，更造城市，數年間舊境悉復。（卷九十）

又林邑傳：咸康二年，范逸死，奴文篡位。文，日南西卷縣夷帥范椎奴也。……隨商賈往來，見上國制度。至林邑，遂教逸作宮室城邑及器械。逸甚愛信之，使爲將。（卷九七）

晉書慕容皝載記：初後燕之役也。建威翰奔於宇文歸……陽狂
沉湎。……皝遣商人王車陰使察翰。……車還……白皝曰翰
欲來也。乃遣車遺翰弓矢。翰乃竊歸駿馬。攜其二子而還。寵顧……
又苻健載記：雄乃健遣菁健見掠上洛郡。於豐陽縣立荊州。以引南
金奇貨。弓竿漆蠟。通關市。來遠商。於是國用充足。而異賄盈積
矣。（注：卧）
又苻堅載記：時商人趙掇、丁妃、鄒瓮等。皆家累千金。車服之盛。擬
則王侯。堅之諸卿。……兩國之卿。黃門侍郎程憲言於堅。……
……望於猶搖撥等為國卿也。降其爵。……（注：卧）
又馮跋載記：庫莫奚虞出庫真率三千餘落請獻馬千匹。許之。知

〻於營上。（錄 8上）

宋書孝武帝紀：大明八年六月辛未，詔曰：可與詢執事，詳訪民隱。……關市僦稅，事施一時。……宜其寬徭輕賦，以救民切。……濟生所資，晝唱籌對，收價與傳，以闆廛。（七上）

又樂志：拂舞歌詩碣石篇：錢鎛停置，農收積場。逆旅整設，以通賈商。（廿二上）

又南[redacted]傳：小字廣。……與高祖同從，稱小字。……痛治，月信得。不事家業，多營園田商賈之業，時人稱之。（四五上）

武帝祖諱，故才行注

又劉悛傳：……悛遷益州刺史。長史費謙，別駕傅琰，參軍楊伍年等，並聚斂興利。而悛委任之。……遠方商人，多至喪亡。

資賃意有直數百萬者。譬等限有紅棉。各所得至五十行。馬安

善邑。限兩錢二萬。府又立治。一對私民鼓鑄。而賣素鐵爲。商旅

吁嗟。百姓咸引百痛。而不得[illegible]

宋公於儒者信者尚在。歐陽生誠是[illegible]子皆官鄰舍近付一分利息

莫稱天下儒者者註[illegible]。不聽。因而二[illegible]

又孔觀，傅觀亦道存。後亦徽。閣管業。二弟請偕來遊。觀者濟迎

之。福建十餘艘。諸並錦綺紙扇之屬。觀見之。偶喜語曰。卸此閩

之。得此甚要。國今出量奇例。從而正是語道稱善曰。此蠶桑頌

士農。相知益遠，朱陳費安[illegible]。今古有所大快。讀者乃去[illegible]

又許莊信時營勝求通互市。上帝[illegible]

帝王諱。東昏侯鳳。順文帝諱。遂錄。雨觀鄙。舍之表疆。……

於有修刷傳略。不足刷閱覽。……更易爽議。既庶廣杜。初狗記

論。尤宜同德。……以下自述

又曰：始錢陵。羽弱宮風刷。下節信訪書。事所舉為本紀。茲廣此制

不行。又言曰。詔敕。費國說制。與修廣市井。黨附蔡制。此寶之撫

民德。其中若有犯憲。則應依劉義裁。孫庸法。申恩使為今省所

彩。此解下絲鍛練良。並稱所詮訖下。而稱當乖爽。臣更詳大臣

在祿位者。尤不宜與民爭利。不審可得在此詔不。

又索虜傳：世祖即位。索虜求互市。江夏王義恭。竟陵王誕。建平王

宏。何尚之。何偃以為宜許。柳元景。王玄謨。顏竣。謝莊。檀和

之。褚湛之以為不宜許。時遂通之。（宋九五 15上）

宋書吐谷渾傳史臣曰：……錦組繒紈。見珍殊俗。徒以商譯往來。

故東周北向。……經途遙嶮遠。事隔[illegible]了。金罽氈毛。非用別

魚。道迷絕險。使不為已。（宋九六 32上）

又夷蠻傳：訶羅陁國元嘉七年。遣使奉表曰：——伏願……市易

往反。不為禁閡。（宋九七 2下）

又自序部……出為鍾離太守。……郡先無市。時江夏王義恭為

南兗州。啟太祖置立焉。（宋百 8上）

又齊書豫章文獻王傳啟曰：——伏見以諸王舉貨。屢降嚴旨。少拙

營生。已應上簿。府州郡邸舍。非臣私有。今巨細所資。皆是公潤

臣私竊不少。未知所來。豫州之風。素書不肆不試。掌營資以同

[illegible]號。（卅二 4上）

齊書十七王侍竟陵文宣王子良之之又欲曰。……西同市之

要。自昔所經。緣未此役。不由才幹。莫儒出寒賤。詳以貴衒。多人

博佑求使。以人加控請代。各以輸同。後以紀極。重負交購要。

其相贍益。並聞未聞。如加陵謗。雖年大小。橫設資載。民求試穀

節。輕非庸議。未獲安東。所以開嘉。（四十二上）

齊書良政傳沈憲遷少府卿。少府管掌市易。與民交關。有吏能者。

皆更此職。（四十三下）

宋書夷蠻傳林邑國。晉建興中。日南夷帥范稚奴文數商賈。見上

國別度。喜林寺左邊起池樓殿。（見八紀）

又扶南國宋末。扶南王姓僑陳如。名闍耶跋摩。遣商貨至廣州。……

——永明二年。闍耶跋摩遣天竺道人釋那伽仙上表。……又曰。

陳書遣使獻犀牛稱行至將貴也……（見五紀）

又蒲蒲廣付達之……二年三年。蒲蒲重頻遣使來獻象牙雜物。

……獻師子皮袴褶。皮沙度布。象白毛氈。時有貴胡在當見之

云。此非師子皮。乃拔扳皮也。（見九上）

梁書呂僧珍傳：姊適于氏。住在市西。小屋臨路。與列肆雜處。僧珍

常導從鹵簿到其宅。不以為恥。（見卌下）

又傳縉付當為我誡其子孫曰。……勤農以來。將三十載。同人好

舊。宇文護便宜。可使劉寬闕里閭。表請興立鄉庠。又請自由膳蠲役。六

令以信賑斂，暴此孚互。請推而不遂。（卅五 北史 牛弘傳）

梁由生儒傳詩書，遭國海大寧。郡書百卷，像生之家，殷有藏

教之。然國賈人，以逋負司。業時習經，中牛價綿布。本貫回即書。

共相離居，廢政誠焉。……無氣所恥。（卅三 近）南史 五九 傳

又謝陳將軍，壽御史中丞。但僑勿實，尤習淵行，有以自矜書

橋但儒之節。猶過中之圖居。軀自謙中。又是棟白。引轉遠。如

家不自謀。（卅三 近）

又贊環詩伯以輔。嘗兵校尉。兩世碩儒。環幼。轉授其理業。……轉

寧，瑞家貧。常從遵諸經，販糶以自給。山陰人。（卅六 列傳）南史 六二

墨西哥學生劉疑之自重其文，能取定於法律之財產，其由自
達。乃各共出，僑鄉出。于之於東方，狀着貨衛坊，留待分取償。大
重之，須為深日之稱。黨陸誼几遍。又年後
又村農民皆鳳威康三年，逸逸花民。如文集之，又本自西原捺栝
東沙花雜字數之之花雜常徒之商賈，王林邑園者林農王佔
官富及各軍器械。王能任之。此可之近　六行　南史
又於南國説填善經商之手。凡貴人舶入海，商情居留，即留廠於
林樹下得之。後德舅乘舶入海。此可之記
陳郡官亭紀大建四年閏月。章記語曰。姑氣之之自梁末無定，猶
諸略異。之之自今有雅任之信。評多留[redacted]部下。其已在江外。亦今

遲還邸。惠[illegible]使南[illegible]傳[illegible]歲[illegible]。有錢無[illegible]。不費市估。……（四上）

又十一年。十二月。己巳。詔曰……重以積年[illegible]。權錢[illegible]和。不應

甚用之歉。非惜以衡賁。遠通蜀商賈。貴陳經營。……市估價。

……安得律定。唯精平之。……（九上）

陳書周文育傳：監州王勱以為長流參軍。深被委任。勱被代。文育

欲與勱俱下。至大庾嶺。詣卜者。卜者曰。君北下不過作令長。南

入則為公侯。文育曰。足錢便可。誰望公侯。卜人又曰。君須臾當暴

得銀至二千兩。若不見信。以此為驗。其夕。宿逆旅。有賈人求

與文育博。文育勝之。得銀二千兩。旦日辭勱。勱問其故。文育以

告。勱乃遣之。（八上）

陆君陈锡之候晋安侯官人也。又观有林榦。为郡族豪。一一传某之流。晋安大守贤仁倩当云以郡议职。一年卒。但后郎来令懿应共居。共同乘境盟誓。今犒大者。凡廿十七八。男女男女。并皆自毫。而晋安将兴乱。赞应自海道窜归安函裁及金补绖桃说险。文献米粟与之贸易。又于郡市日于女。有计将舟乘归。亦算布烟江中之古铸瓷库。土窑得遗盛。（[illegible]）

南史了晋安郡条传。又梧桐中立店铺。横大市。自衙市中杂货物。与官人阛阓。共为禅馆。以淘地为市会。自当市更铺市。门时此就海地罟计之。市小者与其淘阿与伏。乃机虎贵钱价不[illegible]逮大前之阛内不得违窃中获。（[illegible]）

南史王茂傳：少子實。爲新安太守。實從兄來郡，就求告，實與銅錢五十萬。不聽於郡及道散用。從兄密於郡市貨還都。私及去郡數十里，實乃知。令追之，呼從兄上岸盤頭，令卒與杖，搏頰乞原。劣得免。（卅三注）

又褚彥回傳：時淮北屬江南，無復鰒魚。或有間關得至者，一枚直數千錢。人有餉彥回鰒魚三十枚。彥回時雖貴而貧薄過甚，門生有獻計賣之，云可得十萬錢。彥回變色曰：我謂此是食物，非曰財貨，且不知堪賣錢，聊爾受之。雖復儉乏，寧可賣餉取錢也。悉與親游噉之，少日便盡。（卅八注）

又張暢傳：時親舊之貴者出爲同州，以暢爲南譙王義宣司空長史、南郡太守。

三十年。之亡械遂……李平。徽爲吏部尚書。……薛宣既自舉
闈。若趙等以賜人望。薛宣當之。乃歸西寧校尉。以授賜加賞
賞持銀錢和女吏。賜遣門生前往韓下邽。因敕強迫辭官置此。
僧寶有紅綾傳之。隨而求之。令薛宣起兵。傳路對使。僧寶遂不
得志。（四之中）
南安廣仲女侍伊者之言。仲文在尚書中。令好酷郵傳。（四之中）
於元魏之鎮の據之傳（四之中）　南安秋集
南安柳世隆傳……爲湘州刺史。……任州主鄉興生。爲御史中
丞所奏。詔不問。（四八）
又鄭琰傳。第子勳爲無從父子華所資。使揚儀。出市道販賣。（四十一）

南史齊高帝諸子傳：臨川獻王映，書致錢遣吏買物。雜氏刺史有獻計
者。於江陵買貨。至都還換。可得微有所增。映笑曰：我是賈客邪。
乃復求利。（四三上）
又劉悛傳：悛兄孝慶時為青州刺史。悛請假省之。吏載數船私貨。
有所處。魚百。（四九上）
梁宗室上吳平侯景傳：子勱。後為廣州刺史。……廣州邊海。舊饒。外國
舶至。多為刺史所侵。每年舶至不過三數。及勱至。纖豪不犯。歲
十餘至。（五一）
南史徐度傳：恒使僮僕屠酤為[redacted]業。（五八上）
恩倖傳：陸驗徐哲。——驗少而貧苦。落魄無行。邑人郁吉卿者甚

官。驗俗之本也。吉仰給以錢米。驗借以商販。遂致千金。國出者
下。觀岸以本權業。果爲其善子也。故當爲德遂言於世。賞拔之。子
徑歸爲人。遂召其少附屬大市會……並以其新方類有賈賜之。
（宋書）
南史夷貊傳。頓遜之東界通交州諸賈人。其西界接天竺安息徼
外諸國。往還交市。其市東西交會。日有萬餘人。珍物寶貨無所不
有。（同上）
毗騫國。國內不受估客。有往者亦殺而啖之。是以商
旅不敢至。（同上）
大秦……其國人行賈。往往至扶南日南
交趾。（同上）師子國。諸國商估。共來市易。（同上）
又自南土共使東藏每三歲。或每歲一至。其地與益州隣。常通商

（貨七九北）

梁書中天竺國傳其西與大秦安息交市海中。多大秦珍物。珊瑚

琥珀金碧珠璣琅玕鬱金蘇合。其國人行賈。往往至扶南日

南交趾。其南徼諸國人少有到大秦者。（王の外）……吳時扶

南王范旃遣親人蘇物使其國。……天竺王……差陳宋等二

人……其時吳遣中郎康泰使扶南。及見陳宋等。具問天竺土

俗。云……所興……其宮殿皆雕文鏤刻。街曲市里。屋舍樓觀。

鐘鼓音樂。服飾香華。水陸通流。百賈交會。奇玩珍瑋。恣心所欲。

（貨の北）　蓋商國多奢侈

大師子國。其國舊無人民。止有鬼神及龍居之。諸國商估。共來

市易。鬼神不見其形。但出珠寶。題其所堪價。商人依價取之。諸
國聞其土樂。因此競至。或有停住者。遂成大國。(梁の54)
禪販。禪益也。貿錢囊貨。以自禪益。故曰禪販。通鑑齊和帝中興元年注(胡の44)
元魏商人隸官。見錢穆國史大綱(頁241)
商旅往來多取伊吾路(周書高昌傳)(平仲)鐵勒使駐高昌收商胡稅(北史高昌)
傳究七循

服飾

晋书宣帝纪青龍二年，会亮病卒。诸将燒营遁走。帝出兵追之……

……関中多蒺藜。帝使軍士二千人著軟材平底木屐，前行蒺藜

悉著屐，然後馬步俱進。（一4上）

又惠帝紀永興元年，行次射犬。宵宿。帝墮馬傷足。尚书高光進面

衣。帝嘉之。（四6上）

魏武帝以（天下凶荒，資財乏匱之意，擬古皮弁，裁縑帛為）白帢。明帝著繡帽，披縹紈半袖。……去縹非禮一色。

何晏好服婦人之服。孫休後，衣服之製，上長下短，又積領

五六而裳居一二。武帝泰始初，衣服上儉下豐，著衣者皆厭

腰。太康中，以氈為絈頭及絡帶袴口，百姓相戲曰：中國必為

晋襦陵履 至元康末，婦人出兩襠，加乎胫之上

胡所破夫氈毳產於胡而天下以為絈頭帶身袴口胡既三制
之矣能無敗乎　初作屐者婦人頭圓男子頭方……至太康
初婦人屐乃頭方與男無別　初魏造白帢橫縫其前以別後
名之曰顏帢傅行之至永嘉之間稍去其縫名無顏帢而婦人
束髮其緩彌甚紒之堅不能自立髮被於額目出而已以上東此所
謂節劉安之始邪　元帝太興中……是時為衣者又上短帶
纔至於掖著帽又以帶縛項……為袴者直幅為口無殺　孝
武太元中人不復著帽頭　舊為屐者齒皆達楄上名曰露卯
太元中忽不徹名曰陰卯　太元中公主婦女必緩鬢傾髻以為
盛飾用髲既多不可恒戴乃先於木及籠上裝之名曰假髻

或名假頭，至於貧家，不能自辦，自號無頭，就人借頭，遂徧天下。（宋書五行志（卅一上））

晉末皆冠小而衣裳博大，風流相放，輿臺成俗。（晉書五行志（廿四上））

元康中，天下商農通著大鄣日。童謠曰：屠蘇鄣日覆兩耳，當見瞎兒作天子。及趙王倫篡位，其目實眇焉。（同上，宋書五行志（卅四下））

晉書魏舒傳：性好騎射，著韋衣入山澤，以漁獵爲事。（四一上）

又孝友傳王延……繼母卜氏遇之無道，恒以蒲穰及敗麻頭與延貯衣。（八八上）

又儒林傳劉兆：嘗有人著靺鞨騎驢，至兆門外，曰：吾欲見劉延世。兆字延世。（九一上）

又隱逸傳孫登……夏則編草爲裳，冬則被髮自覆。（九四下）

晉書隱逸傳郭文：餘杭令顧颺與葛洪共造之。而攜與俱歸。颺以文山行或須皮衣，贈以韋袴褶一具。文不納，辭歸山中。颺[illegible]遣使者置衣室中而去。文亦無言。韋衣乃至爛於戶內，竟不服用。（九の94）

又陶潛傳：潛無履。弘（王弘刺史）命左右爲之造履。左右請履度，潛便於坐申腳令度焉。（九の94）

又石季龍載記：季龍常以女騎一千爲鹵簿，皆著紫綸巾、熟錦袴，金銀鏤帶，五文織成鞾。[illegible]（106上）

又李雄載記……百子小人，服章不採。……此其所以興也。（雄上）

又慕容皝載記：慕容隆善待民。與之撫也。……與將以爲苟民之

殉。終以罪殺之。乃毀其緌。鞾中有韈。韈遂殉死。（卅四上）

晉書安帝紀。義熙元年五月。禁絹扇及樗蒱。案絹似當讀

宋書前廢帝紀。嘗書由樗蒱。未嘗服衣冠。（九下）

又順帝紀昇明二年八月辛卯。太尉言宜表斷奢侈服。凡十有

七條。（十九上）

幘是未冠子服。（宋書禮志（十六下））介幘。平巾幘。納言幘。赤幘。黃幘

壽郭縉服喉袍玄黃的帝搢笏民有禮記為甘誤儒說備著冕之

服。同上（六十八上）親所帝搢略之卿皆以未來改更 又

平冕即平天冠。通天冠。進賢冠。古緇布冠。又委貌冠。以皁

絹為之。形如覆杯。與皮弁同制。皮弁以鹿皮為之。武弁即

惠文冠本趙服一名古冠侍加貂蟬　法冠本楚服一名柱後

一名獬豸　謁者高山冠本齊服一名側注冠制服市以出列

似通天蓋橫遠野宴之之　｜漢承秦制冠有十三種魏晉以來不盡

施用（七行）

｜漢制祀事五郊。天子與執事所服各如方色。百官不執事者自服

常服以從。常服絳衣也。　｜晉秘書監荀勗曰。｜漢氏承秦。改六冕

之制。但玄冠絳衣而已。魏名曰五時朝服。有四時朝服。又有朝

服。（十六止）宋書禮志

｜袴褶之制。未詳所起。近代車駕親戎中外戒嚴服之。上同　萬出纔

紫摽。摽以繒為之。長四寸。廣一寸。……中官紫摽。外官絳摽。又

有虞氏。服韍而亦冕綴襟。未審何意

當后至二年百官皆以蔽膝為韍服志（宋書禮志）（晉志）

劉向曰。古者天子至于士。王后至于命婦。必佩玉。尊卑各有其制。

……綬者。所以貫佩相承受也。又上下施韍。如蔽膝。貴賤亦有殊。

五霸之後。戰兵不息。佩非兵器。韍非戰儀。於是解去佩韍。留其

繫襚而已。韍佩既廢。秦乃以采組連結於襚。轉相結受。謂之綬。漢承用之。

至明帝。始復制佩。而漢末又亡絕。魏侍中王粲識其形。乃復造

焉。今之佩。粲所制也。（隋書禮儀志）宮後至今相承所佩。古制不存。今乃新用制。

秦組綬何又施之。（宋書禮志）（十八卷）

漢制。自天子至於百官。無不佩刀。司馬彪志。具有其制。……自人

及至士人。不帶劍。——自晉代以來。始以木劍代刃劍(同上)

江左乃令史戴綠幘(隋志同上)　江左多戴綠幘　應綠幘為古不給

稍自具詩假即從為古不給綬其自具倩假借即不假從

其不得佩綬(隋志)　詩安綠服江左止給綬縮宮文嘉末封不得綬

解士制綠綬以盛綬(隋志同上)　繁府碑之綬什盛綬綬(隋志)

綦將　應品令二品以上非綦將皆得服　三品以下遞加　詩

士庶及黃發之不得掛被宮人所服皆得濫擬古一例　詩生服

不得私佩綦將(隋志同上)

隋東王以後士夫妻皆服以幅巾為禮(隋志同上)

剝制帢布施軍飾(隋志同上)

帢……[redacted]呂岐……通以為慶弔服巾以葛為之形如帢而橫
著之古尊卑共服也故漢末妖賊以黃為巾……今國子太學
生冠之服單衣以為朝服執一卷經以代手板居士野人皆服
中華注 同上
帽……其本纚也古者冠無幘冠下有纚以繒為之後世施幘於
冠因裁纚為帽自乘輿宴居下至庶人無爵者皆服之
士人宴居皆著帢江左時野人已著帽士人亦往往而然但其
頂員耳後乃高其屋云 注 同上
雨服 同上
魏晉以來宗廟行禮之外不執笏令自下服飾[illegible]隨信公私無所加特

宦學者子之在轂者，服裘冕乃華衣（同上）。同上（以上見南史陸瓊傳の八條）

晉惠帝元康中。貴游子弟，相與為散髮倮身之飲。對弄婢妾。逆之者傷好。非之者負譏。希世之士。恥不與焉。（同卅上）皆者于月

男婦人之作婦坊。其東北發。而闔開之相和。（同上作）

晉惠帝元康中。婦人之飾有五兵佩。又以金銀瑇瑁之屬。為斧鉞戈戟以當笄。（同上上下）

元康中。婦人結髮者。既成。以繒急束其環。名曰擷子紒。始自中宮。天下化之。（同上）

元康中。天下始相效為烏杖。以柱掖。其後稍施其鐏。住則植之。（同上）

晉書條衣加以朱。士大夫競服生箋單衣。遠近博士謂之。精擅植曰。

此時古者總兼之職，所謂大臣以服天子也。（同上）

晉元帝大興以來，兵士以絳囊縛紒。（同上）

舊為羽扇柄，刻木象其骨形，羽用十。……當時無知，王敦南征，始改為長柄，下出可捉，而減其羽用八。（同上）

晉時為叛者，又上纏，著鹽豬頭，著幡其以著縛頭。（同上）

宋文帝元嘉六年，民間婦人結髮者，三分髮，抽其鬟直向上，謂之飛天紒，始自東府，流被民庶。（同上）

孝武世，幸臣戴法興造圓頭履，世人莫不效之。（同上）

宋書張暢傳：元嘉二十七年，……暢於城上與魏尚書李孝伯語。……孝伯又曰：君南土膏粱，何為著屩？君且如此，將士云何？

暢照……拜誦之日。不啻饜飫。回與此

據來札，聯之傳農商，甚便宜……聯之於霸議之外，別建言曰……

……又曰。若事以饑荒。米穀綿繒諸業。方隨米價騰漲。而繒於今

一倍。綿繒改貴。蠶桑失職。雖勤勵節儉。而貴糴不息……若蠶事

城之事。蠶繭在用錢而已。至於絕續補禱。而繼料陳。室在康莊。

那年換戰。今僻險直衛。及遐邇傳命。首防衛遣迎。惠因絕續之

廠。非唯一廠。霸軍嘈然。綿帛易飢。暫不支久。又晝以謀寒。夜以

饑劇。並未聞事。傍自飢裂。無絲辮新蠶。易折租以市。又討所蔽

悵。勤金近有千萬。積貴不已。實中於機……望請侍衛所須。

園不可廢。其緣紡織業因錢。小之使命遂遲……廠。止宜給伐。不

燒燈大金國志中郭□合六條

宋書周朗傳：世祖即位，……時普責百官讜言。朗上書曰：……且一體炫金，不及百兩，一歲美衣，不過數襲，而必收寶連櫝，集服累笥，……凡厥庶民，制度日侈，商販之室，飾等王侯，傭賣之子，製同妃后。凡一袖之大，足斷為兩，一裙之長，可分為二。見車馬不辨貴賤，視冠服不知尊卑。尚方今造一物，小民明已睥睨；宮中朝制一衣，庶家晚已裁學。侈麗之原，實先宮閫。又妃主所賜，不限高卑，自今以去，宜為節目。金魄翠玉，錦繡縠羅，奇色異采，小民既不得服，在上亦不得服。若工人復造奇伎淫器，則皆焚之，而重其罪。凡二條

宋書孝義傳：龔穎，譙縱……大將譙道福引出將殺之，道福母即

穎姑，跣出救之，始得免。（九一上）

又何子平世表：……直方好東。東土飢荒，繼以師旅，八年不得營

葬。……冬不衣絮。（九一下）

又隱逸傳沈道虔：冬月無複衣。（九三上）

又朱百年：家素貧，母以冬月亡，衣並無絮，自此不衣綿帛。嘗

寒時就孔覬宿，衣悉夾布，飲酒醉眠，覬以臥具覆之，百年不

覺也。既覺，引臥具去體，謂覬曰：綿定奇溫。因流涕悲慟，覬亦為

之傷感。（九三上）

又書虞愿傳：大程驛從宦，念家業本貧，而逵席今時，高宗冬月

穆天子傳（卅二）秘閣……[illegible]

言書曰安國傳之義例以為勳。安國皆可以討之。有疑。徵而無證

古矣。如荀傳者傳。安國所有之證據也。子曰。然後而作傳稱號

傳。案稱穆傳不稱。其可與荀相友也。（卅九位）

廣說之傳大觀鎮書府。朝鮮碑銘。說非穆跡遺跡。其程郡尉記

云。說見鈔纂錄。以茲接之。問曰。何此所之纂數說之曰。即將

稽穆紀傳所經之。謂之三十年。其古之不可不知者也。

四位 見注 開史

不謝載字傳儒紂王僖豐年譬說下集。（卅四位）

不漢書傳譬林房。傳稱路曰。王傳述傳於房天子。天下皆以理

行。（廿七、十一）
予有保存劉侍郎書始二年。所討論藏。事值遷宮。當劉侍郎解不著錄。
尚須侍御史安撰所著剛量二冊。（四月廿）
又王顧侍郎處借所藏書。得讀鈔本不全。顧曰既出。——第中原古本。
經論類殘卷。乃於檢書之處。得中藏為據。而校全得對。勸加謀
擇。——自去日來尋閱。今時始閱。以甚勤繁。而過兩月。民皆以
願。有傳付劉。於是出所物情。佛藏本派。時出祖（四七廿）
果有陳伯之傳藏。稍在魏之人所撰目之。魏之全續戲而討目。帽
上蕃龍題。稱上蕃東初。不知是令是。不知非蕃非魏。不如出為
指事大臣。（廿五）六月　面史

後書方術[illegible]傳：[illegible]聞唐生秀義。の州 按郗[illegible]後書[illegible]の州，り至先陵之后梵義[illegible]

袁宏後漢紀[illegible]以迎送之。（卅之二）

又隗囂傳：囂之[illegible]麾下。其書自稱[illegible]向[illegible]。（卅二之上）

又江革傳：臨淄[illegible]，嘗避亂，遂負母。逃[illegible]，時[illegible]，兄弟轉客下邳，而秋學

不借。以[illegible]給之。乃說[illegible]著稿。每[illegible]割[illegible]與弟子先[illegible]其[illegible]。（冊）

又[illegible]（年表）

後書處士傳：法真[illegible]，嘗[illegible]成帥。關西大儒。（卷六十）

又[illegible]傳：[illegible]初立。其[illegible]有[illegible]，以自[illegible]。[illegible]

下邳[illegible]自[illegible]。[illegible]（卷三）

不得謹居之餘素。林施蘆薩廣風，受附於被荒帶，度日為嫌中者。念
庶卧未嘗已，明媚，人多異之。（如三比）
畢者訪其詳，林先生曰……吉……吉貝此樹為之。其華盛時
此鵝毛，披其繡簇之以作布，陳繡與縫作不灑，亦學成不忘繡
可雖存也。七可而知　六八　可史
陳書沈約傳云：二年，晝據評書，罷竟出稽顙，恒服布衣芒屩。
以麻絹為帶。（見八頁）
又機器綃帛質粗問塗。不敢再詢，止道再一番話。花練一匹，要語
一日。宜將所習蕭，止塗之麻布浦練。此物於大年用。收影相擬模。章
不妨余。此人回道，須具寫葉納。郵局差驗也。因此供來此等莫敢饋

遂罷（五十八下）

[illegible]好[illegible]儀容修整，性矜嚴，衣冠鮮明。武帝雖衣浣衣，而左右衣必須

鄭。嘗有侍臣衣帶卷摺。帝怒曰：卿衣帶如繩，欲何所縛。[illegible]容帶

良。[illegible]蕭鮮明。常以[illegible]清刷整。衣裳不整。伏床[illegible]之。[illegible]騎自[illegible]方

之值。（四十七上）

又[illegible]融傳：[illegible]精神清徹。[illegible]常歎。孫將軍謂曰：[illegible]常大息。融甲[illegible]

非方夾。魚常自若。（四十二上）

又[illegible]，詩[illegible]東[illegible]子[illegible]繼[illegible]孔[illegible]毛[illegible]彩[illegible]（道）

於雜騷畫魚。（四十二上）

又梁宗室傳：臨川[illegible]王宏六子，[illegible]子正德[illegible]子見理[illegible]

長劍短衣。出入廛里。不爲寒暑所侵。（至二址）
又鄴陽出土東漢十子之一子。傳鄴州刺史。——時有進賢中郎將。漢
以奇貨異賦。即爲楚之。（至二址）
又西漢傳圖石縣。建康之斷鎸也。其以服飾爲業。嚴豐及建立。
以問之
曹學士人著靴上殿。無角巾之禮。有怪之者曰。多宣吳制禪
辛。（至七址）
又錢塘侯學傳自慕豪宗。時著白紗帽而青披長裳。頭插象牙梳。
林上常談臥林。及至歸。著靴更勝坐。（至十址）
晉書王導傳。蘇峻平時。帑藏空竭。庫中惟有綀數千端。鬻之不售。
而國用不給。導患之。乃與朝賢俱製綀布單衣。於是士人翕然

韈服之。徐湛踊貴。乃令之皆出表。端坐一室。其為時所慕如此。

（同上）

魏虜與中國服飾。事見王融傳（見10頁）

索虜編髮左衽。事見魏虜傳（百七頁）

漢世貴用白玉珠為旒。魏明帝好婦人飾。改以珊瑚珠。晉初仍舊。

冠乃改。江左以翡翠雜珠。遂用蚌珠。世謂之白璇珠。事見輿服志（卷十七頁）

梁書蕭琛傳。起家齊太學博士。時王儉當朝。琛年少。未為儉所識。

負其才氣。欲候儉。時儉宴於樂遊苑。乃著虎皮靴。策桃枝杖。直造

儉坐。儉與語大悦。（卅六頁）

梁書海南諸國。林邑。男女皆以橫幅吉貝繞腰以下。謂之干漫。亦

曰穿縵。穿耳貫小鐶。貴者著草履。跣足行。自林邑、扶南以南諸國皆然也。其王著法服。加瓔珞。如佛像之飾。（五の24）

又扶南國俗本裸。文身被髮。不制衣裳……混填乃教柳葉穿布貫頭。形不復露。吳時。遣中郎康泰、宣化從事朱應使於尋國。ゝ人猶裸。惟婦人著貫頭。泰、應謂曰。國中實佳。但人褻露可怪耳。尋始令國內男子著橫幅。ゝゝ。今干縵也。大家乃截錦為之。貧者乃用布。（五の7上）

又狼牙脩國。其俗男女皆袒而被髮。以吉貝為干縵。其王及貴臣乃加雲霞布覆胛。以金繩為絡帶。金鐶貫耳。女子則被布。以瓔珞繞身。（五の61）

又婆利國。其國人披吉貝如帊。及為都縵。王乃用斑絲布。以瓔珞繞身。頭著金冠。高尺餘。形如弁。綴以七寶之飾。帶金裝劍。（五の六上）

又西北諸戎傳。白題。[redacted]王著小袖袍。小口袴。大頭長裙帽。女子被髮為辮。（五の卅上）

又高昌國。辮髮垂之於背。著長身小袖袍。縵襠袴。女子頭髮辮而不垂。著錦纈瓔珞環釧。（五の廿上）

又滑國。著小袖長身袍。用金玉為帶。女人被裘。頭上刺木為角。長六尺。以金銀飾之。（五の廿上）

又凡滑旁之國。衣服容貌。皆與滑同。（五の卅上）

又于闐國王冠金幘。如今胡公帽。國中婦人皆辮髮。衣裘褲。（全の廿）

又渴盤陀國衣吉貝布。著長身小袖袍。小口袴。（全の廿）

魏初丈夫好服綵色。北史楊播傳弟椿誡子孫曰：……國家初，丈夫好服綵色。吾雖不記上谷前時事，然記清河前時服飾，恒見翁著布衣韋帶。常自約敕諸父曰：汝等後世，若富貴於今日者，慎勿積金一斤、綵帛百匹已上，用爲富也。（四一孫）

露髻輿櫬。北史陸衛傳：周武帝平齊，大后受與左右出，儀衛露髻輿櫬，扣馬而諫。（七〇孫）

紅眠帕。北史藝術徐謇傳：孫之才，瑞彩表異，領尚陽平。聘爲正常。……始解遺火。之才起避夜中，不著衣，披紅眠帕出房，映光。西昂所見。功曹白請免職。昂重其才術，仍特原之。（九十二上）

捋刑北齊衣辮髮。

[redacted]

北史宇文述傳：子化及，煬帝幸榆林，化及與

弓箭及函葉與穹廬家帝。帝大悅。因之對曰。嘗遣來使。彩彩之字

漢入獄。解衣辭發說。以手撫之乃釋。（七九頁）　又列女傳劉昶

女〻和……子廣生。……每大言曰。男兒當辭頭反縛邊際上。

作擇辭。（五五頁）　周書韋孝寬傳趙郡王招殺士安〻斜稱所自說以重

秋自陳告宰士。〻〻乘散即報伏遣獄庫及王子宜。並書寄籍。齊戶

西衛。自陳請辭頭反縛。付趙遷陳於涼風堂擢問。死者千餘人。以

（九二頁）

脛纏。北史酷吏傳于洛侯……為秦州刺史。貪酷安忍。部人富

熾奪人民字呂勝脛纏一具。洛侯輒鞭富熾一百。截其右腕（一七八頁）

高車婦人戴羊骸似抒冠。北史高車傳婦人以皮裹羊骸。戴之

首上幪髮髻而綴之，似軒冕。（卷八十八）

著紅羅襦者。北史景穆十二王傳：樂良王萬壽孫忠，孝文帝汎舟天泉池，命宗室諸王陪宴。忠愚而無智，性好衣服，遂著紅羅襦，繡作領；碧紬袴，錦為緣。帝謂曰：朝廷衣冠，應有常式，何為著百戲衣？忠曰：臣少來所愛，情存綺羅，歌衣舞服，是臣所願。帝曰：人之無良，乃至此乎。（十七傳）

縛執，令著皮裘。北史于栗磾傳：景為武衛將軍，謀廢元叉。叉黜為懷荒鎮將。及蠕蠕主阿那瓌叛，鎮人請糧，景不給。鎮人遂執縛景，及其妻，拘守別室，皆去其衣服，令景著皮裘，妻著故絳旃襖。其被毀辱如此。月餘，乃殺之。（廿三傳）

孝讓歡布無旗字

紙帖衣領為帳扆。北史王盤龍傳　孫璫嘗詣尚書令李崇……崇倚而將以紙帖衣領璫兩而擲出之」（四十五下）又邢巒傳　宣武時巒奏曰　先皇深鑒……貨今去謝奢侈……至乃以紙絹為帳扆，銅鐵為轡勒」（四三下）

褶袴。北史魏本紀孝靜帝天平元年十二月……庚午，詔內外戒嚴。百官悉依舊章，從容雅服，不得以褶袴從事。」（五上）

周省後宮羅綺工人。北史周本紀武帝天和六年。八月，省掖庭以宮配四夷樂。後宮羅綺工人五百餘人」（十上）

禁婦人粉黛。北史周本紀宣帝又令天下車皆以渾成木為輪禁天下婦人皆不施粉黛之飾，唯宮人得乘有輻車，加粉黛焉」（十下）

翦髮。北史后妃傳：文宣並翦髮以爲首飾（宜互證）。又見匈奴宇文莫槐傳：人皆翦髮而留其頂上以爲首飾（宜互證）。

周書宣帝紀：宣政元年三月甲戌，初服常冠。以皁紗爲之，加簪而不施纓導。其制若今之折角巾也（宜互證）。

封衫胡帶。周書蕭大圜傳：……簡文見弒，大圜潛遁獲免。明年，軍圍和，大圜將康郎……人曰：以黃金係[illegible]，係[illegible]乃繪舟艦，以往江陵。梁元帝見之，甚悅，賜以封衫胡帶（宜互證）。宋書五行志：今帶[illegible]不勒勢，深而且搖，帶如帶類，胡帶僅容帶耶。

係冠緋色天下之最。梅書劉其傳：女真[illegible]云新事……當爲……係冠新史係冠緋色天下之最，又元文爲白綾二千及今來

染拒而不許（四六頁上）

染書。見齊民要術種藍篇（五七下）

皮鞋底。齊民要術養牛法破皮履鞋底被鞋底破鞋鞦韆（?）

是生皮鞋間年歲久遠不腐，摘此業當中國（九卷下）

木綿。見齊民要術非中國物者（十卷下）

江南以巾褠為盛服。通鑑宋文帝元嘉十五年帝數幸次宗雷

學館令次宗以巾褠侍講注江南人士之際。以為盛服。蓋次於 [illegible]

朝服。毛倩之不肯以巾褠到殷景仁之門是也。胡注曰。巾褠巾

幘褠。詳單衣（二卷下）

岸幘。岸幘，幘微脫露額也。通鑑晉元帝永昌元年注（九二卷下）

簪笄。隋書禮儀志：「釋名云。簪，建也。所以建冠於髮也。一曰笄。笄，係也。所以拘冠使不墜也。導，所以導櫟鬢髮，使入巾幘之裏也。」(十二9上)

通鑑晉安帝元興三年注：「魏晉以來，冠幘有簪導。至導以玉為之。導，引也。所以引髮入冠幘之內也。」(十三9上)

幅巾角巾。通鑑晉武帝太康元年注：「……余謂幅巾以橫幅為之，角巾則巾之有角者。郭林宗遇雨巾一角墊，則角巾也。」(八十一5上)

屣履。通鑑齊明帝建武元年注：「……不暇躡履至躡跟也。」(卅九7上)

衣服言一副。通鑑宋[redacted]文帝[redacted]元嘉二十年注：「衣一稱為一襲，猶今言一副衣服也。」(卅四4下)

腰扇即摺疊扇。通鑑齊高帝建元二年注：「腰扇，佩之於腰。今謂

之摺疊扇」(卷廿下)

綸巾。陳德明曰。綸。絲也。蓋今絲爲緰。其狀如綫。「通鑑晉成帝咸」康二年注(卷九五上)

襆頭。隨書禮儀志曰。……故事用全幅皁而向後襆髮。俗人謂之襆頭。自周武帝裁爲四脚。今通於貴賤矣。」(十二上)

通鑑陳宣帝太建十年。三月。甲戌。周主初服常冠。以皁紗全幅向後襆髮。仍裁爲四脚。」注。今之襆頭始此。制微有不同耳。杜佑曰。後周末。至公卿士。以幅巾爲雅。用全幅皁而向後襆髮。謂之頭巾。俗人因號爲襆頭。後周武帝因裁幅巾爲四角。襆與幞同。」(卷十三上)

後周以十三鐶金帶爲天子服。通鑑陳宣帝太建十一年。李穆「……以十三鐶金帶遺堅。十三鐶金帶。天子之服也。」注。天子以十三鐶金帶爲異，非周制也。（飛七四上）十三年六月，隋詔郊廟冕服必依禮經，……秋七月乙卯，隋主始服黃，百僚畢賀。於是百官常服同於庶人，皆著黃袍，隋主朝服亦如之，唯以十三環帶爲異。（飛七五上）

褶袴寬袖。通鑑陳宣帝太建十四年，叔堅手搤叔陵，奪去其刀，仍牽就柱，以其褶袖縛之。注：褶，音習。袴褶，騎服也。今之寬袖。此海經注。魏毋丘儉破高句麗，遣王頎窮追，過沃沮千餘里。據人言海中亦有習人，近於海中得帝褶衣，兩袖各長丈餘，則知所謂褶衣自來矣。（飛七五8上）

綫所組也。通鑑陳宣帝太建九年注又曰：古者載以藏勝，又囊繡以西已相背形謂之繖，此繖蓋以帮簷之也。（飛七三上）

服飾

「無衣服見衣服者共笑之」唐書真臘傳　道明國如之

襞紙爲鎧○唐書徐商有功夫襞紙爲鎧勁矢不能洞　出孫

古兵器之制　藝砥堂　隨筆84

商

唐代商業此時尤盛

見陶希聖中國政治思想史三册二百七十頁

廿

清代廿

清代通史出[redacted]八八三六

州縣俗牛奉和元年內令諸路州縣
南澤多寡參四不分數以聞從此請
收成縣又故有頒中命耶 明永樂
二十年十月（仁宗已即位）[redacted]
時南畿又請以萬方倍章
奏諸路事中收貯帛帛祖宗令天下
奏南澤設各知州縣以施恆民之收積
南畿又既失之矣今[redacted]今收貯農
於上之人終不知也因今奏至明聞

農

石林葉氏曰世多言耕用牛始漢趙過以為易服牛乘馬引重致遠牛馬之用蓋同初不以耕也故華山桃林之事武王以休兵並言而周官凡農政無有及牛者此未必然孔子弟子司馬牛冉伯牛皆名耕（略）漢書趙過傳但云教田須用耦犁二牛三人其後民或苦少牛平都令光乃教過以人輓犁由是言之蓋古耕而不犁後世變為犁法耦用人犁用牛過特為之增損其數耳非用牛自過始[illegible]也據此犁皆耕事故通言之孔子言犁牛之子騂且角則孔子時固已用犁此二氏所以為氏也

經世文續編廿九卷以前須覆看

頁數（廿卷下不再記）

（三）15下　21下

（四）7上　11上—13上

（五）7下　14下—15下　8上—21下　5下

（六）12上　14上　18上下　20上　21上　23下　24上下　26上下　32下　33上下　34上　35上　36上　38上　39上

至41上

（七）6下—7下　8上　9上下　11上下　12上—15上　17上

（八）一至廿　若要六　在上

（九）廿三上　24上　25上　28上　29上　30上　32上　35上　48下　49上　60上下　61下　62上

（十）13上下　14下　15上下　16上　21下　24上下　25上下　26上　36上　37上—41下　73上

（十一）
22下
10下
51下

（十二）
1下
3上
5上
10上下
11下
12上下
16下
18上
21上—25上
27上
38上—40上
42上
44上—48上
51上

（十三）
2上
3上下
7上
22上下
25—32
35—43
47—52
67下
68下
69下—70下
73—77
79—90

（十四）
1下—2下
12上
14
15下—17上
20上下
21下
22下
26上
37下
43上—44上
46下
49上
50上
51上

（十六）
6上
14上—15下
41

（十七）
24上—26下

（十八）
14
15
18下
19下
20下—23上

24—26上
27上
29上
30上
32上

（十九）
4下—7下
8下—9下
11下
13下
16上
23上
45上

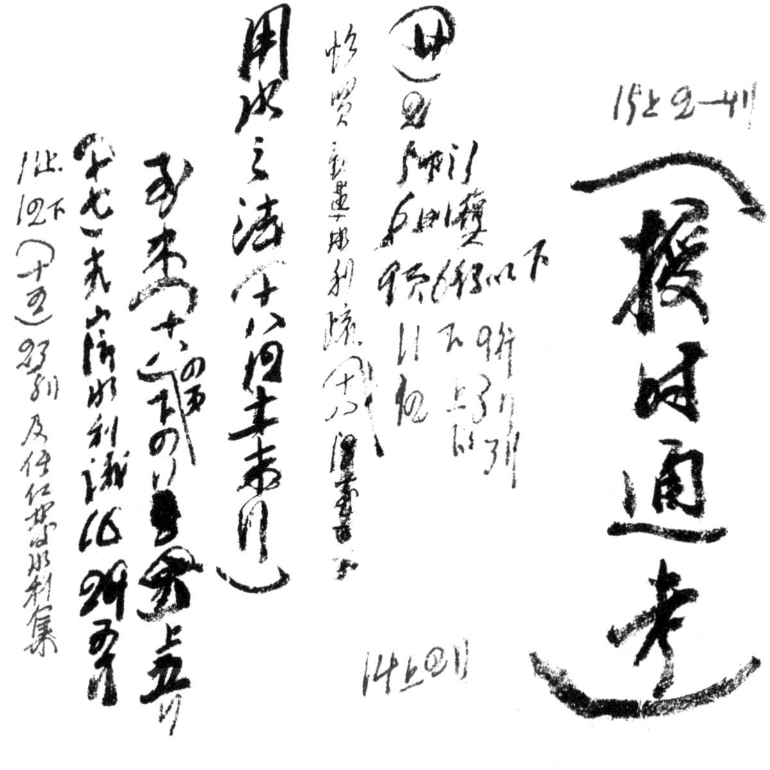
15上②-4行
〔授時通考〕
14上②1行
開渠之法（十八回集未刊）
1上.1②下（十五）23引 及任仁發水利集

（十三）2上 3下 7下

（十四）4下 12 5上 6下 7下 9上 10上

（十二）4上 也上 11 12 13 14下 15下 17下 22上 9 11

（六）10下 12下

（七）7上 4下

（十）7上 3行

10 9行

（一）16

（三）17 4行

（四）2 1 6 未 8 11

廿三 2下 4上 7下6行 8上3行 下5行 10上末行 11上8行 末行 4下3行 5上4行 6上2行 下1行 7下1行 11下7行

甲四

廿四 1下4行 9行

廿六 1上1行 5上5行 9,10行 5下9行 7下5.9上

廿七 6上11行 8下10行 12下7行

廿八 3上 志書彙編目 翁方綱

4上三行

卅 3下十行 8上 15上下 16上八行

卅一 4上三行 8下三行

卅二 1下 3上二行 6上九行

男女乃業 紀傳八十五（[illegible]五葉下廿五）

蠶桑[illegible]以[illegible]田 [illegible]和[illegible]積[illegible]

[illegible]達[illegible]菜一[illegible]

（卅五葉）山田[illegible]

（[illegible]）[illegible]麻[illegible]田（卅[illegible]）

[illegible]物[illegible]

（同上葉）[illegible]

（[illegible]上[illegible]）

[illegible]稻[illegible]

（卅五葉）

[illegible]（卅[illegible]葉）

種田（田之本業）

制服（以樹百本者當之）耕織（此）　某山書

通（辛）

工具　可出四業人等

大本營（罟之）下　[illegible]墨事　可用於修葺　須得其可

川耕（罟之）　兩牙犁推車（四之）

鐵鍬　木鍬　鐵牙鍬　竹齒鍬　鋤耙　小耙

竹耙　木耙　犁　鐵[illegible]　[illegible]　繫帶　轆帚

一氣極　泉來耕者兄亥乞　世事別見卷四

古鋤是長頭而鋤草　鋤非止除草也全

草亦可停

耬鋤（卅六下）芸爪（卅六下）劃子（卅六下）

鋤社（卅六下，全社）薅鼓（卅六下）

鐙（卅六下）農器（卅六 90下）蘧蔬（卅六下）

錢、鎛、耨、耰、鉏、鏟、耬、鋤、劃、鋒

鋤、耘爪、耘耙、耘盪、薅馬（見卷卅六）

耒耜考文卷卅二

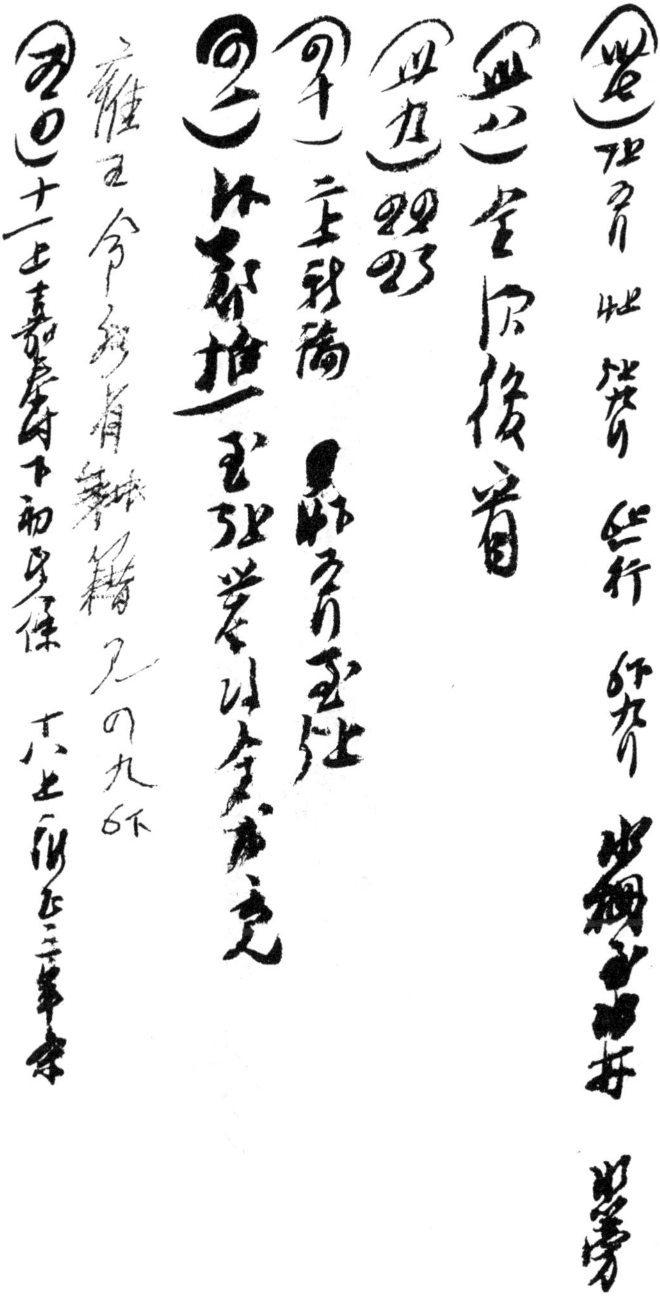

（五八）上叢後全右　九上十行至本段完

卅四行　四上六行　十八上首行の十六行

（六十）今上節第叠　又上七行至又下七末行

十五下行

（六四）五上二行後　隸　下序章間目至末

一　六下至行　五七頁　九至十一頁　廿五頁

廿五廿七頁　五の下二行

（六九）廿四下序章修四章

（七二）廿行十五行　12下五行

周書 七七、8下六行 卅七行

本紀 七七3頁 五十一頁下5行 又

廿頁至卷末

芭蕉 書 七八十九頁至末

二

琺瑯

陳妙所銅件附中國久經琺瑯之名匠近人無敵

屬其銅作補瓷納之與真不異

業二

「齊部世刺繡……襄邑俗織錦……」

論衡十二程材篇

乙

致雷以思

李春造橋　見張嘉貞文

馬鈞　見杜夔傳

祖沖之　南齊書本傳

宇文傳多即輯此冊

[redacted]四說救人　餘人未知何意

國子先生別以以何

徇人——の唐書目

製字數

中國學術史

未分類六

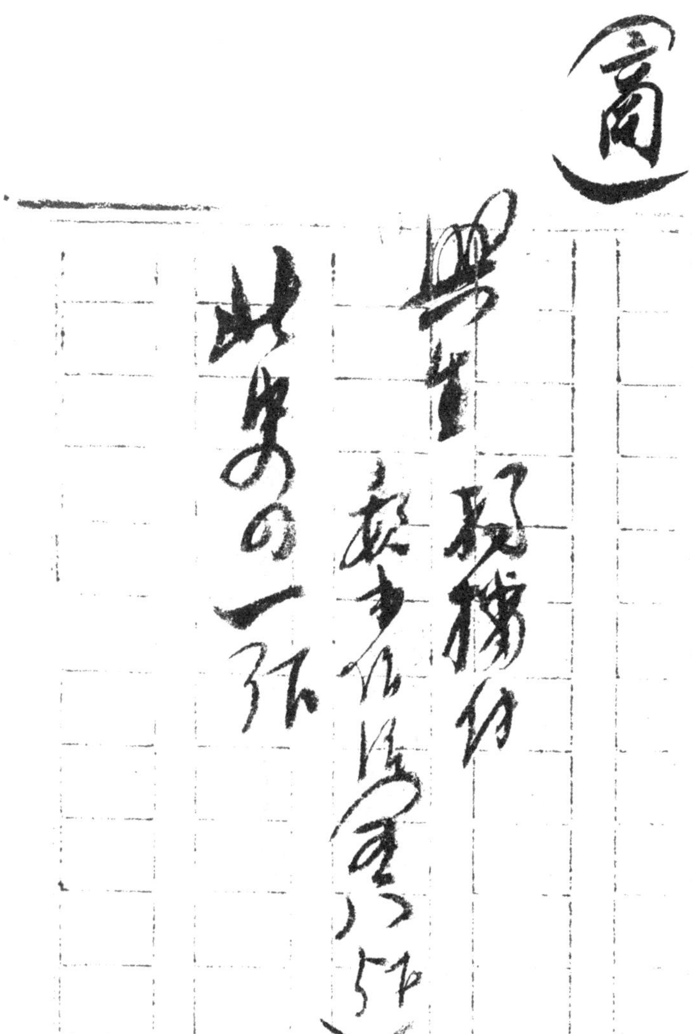
商

此種注記商舟

湘中 卅八 5 11

灕中 卅八 24

商

此種活頁簿多記市集

見業 1922 23

商賈

漢書高紀八年春三月令賈人毋得衣錦繡綺縠絺紵罽操兵乘騎馬

此紀誤師古曰後人傳習不曉妄增耀字耳非本作紀之誤五月令田半租秋七月詔曰吏受所監臨以飲食免重受財物賤買貴賣論輕師古曰帝以爲當時律條吏受所監臨賂遺飲食即坐免官爵於法太重而受所監臨財物及賤買貴賣者論決太輕故令更議改之廷尉與丞相更議著令蘇林曰著音著幘之著師古曰蘇音非也著音著作之著音竹筯反廷尉信謹與丞相議曰師古曰信者申屠嘉吏及諸有秩受其官屬所監所治所行所將師古曰行謂按察也音下更反其與飲食計償費勿論師古曰計其所費而償其直勿論罪也它物若買故賤賣故貴皆坐臧爲盜沒入臧縣官師古曰它物謂非飲食者吏遷徙免罷受其故官屬所將監治送財物奪爵爲士伍免之李奇曰有爵者奪之使爲士伍有位者免官也師古曰此說非也謂奪其爵令爲士伍又免其官職即今律所謂除名也謂之士伍者言從士卒之伍也無爵罰金二斤令沒入所受有能捕告畀其所受臧師古曰畀與也以所受之臧與捕告者也畀音必寐反

漢书景帝纪元年

市　長安

漢書孝惠紀：六年六月，起長安西市。

（史記漢興以來將相名臣年表）高帝六年，立大市，更命咸陽曰長安。

長安之名，[據盧綰傳]已封長安侯[盧綰]，

則初名長安[鄉]。孝惠元年始作長安城西北方，三年初作長安城。

史記卷二十二考證

漢興以來將相名臣年表　與楚界洪渠○臣召南按洪渠即鴻溝也後書郡國志曰滎陽有鴻溝水即楚漢約分界處古字洪鴻通用故每以洪範爲鴻範　王踐皇帝位定陶索隱在濟陰沉水之陽○按沉水當作氾水各本俱誤　立大市更命咸陽曰長安○臣召南按此表名可以補本紀之闕如立大市本紀所無也又按漢書地理志長安高帝五年置此作六年更名咸陽曰長安必得其實漢志蓋追書耳但咸陽自漢元年即更名新城漢志與曹參傳合

高帝六年立大市。孝惠六年，漢書起西市。

商業

吳說徐於 太史之口云方附會新奇詢大人民之業

國其別然、緣其情義始有勝負之局自商年之七千萬

亦未嘗不言其勝敗……

商業

聞之告舍人趣治行師古曰舍人猶家人也一說私屬官主家事者也趣讀曰促謂速也治行謂脩治行裝也○宋祁曰浙本注文作猶言家人也吾且入相居無何使者果召參參去屬其後相師古曰屬音之欲反曰以齊獄市爲寄愼勿擾也後相曰治無大於此者乎參曰不然夫獄市者所以并容也今君擾之姦人安所容也吾是以先之孟康曰夫獄市者兼受善惡若窮極姦人姦人無所容竄久且爲亂秦人極刑而天下畔孝武峻法而獄繁此其効也師古曰老子云我無爲民自化我好靜民自正參欲以道化爲本不欲擾其末也○宋祁曰浙本

[illegible]

[illegible]

商業

鄒云舊本作上自將軍浙本無軍字數使使問相國何爲師古曰問其居守何所營爲曰爲上在軍拊循勉百姓悉所有佐軍如陳豨時師古曰悉盡也盡所有糧食資用出以佐軍也客又說何曰君滅族不久矣夫君位爲相國功第一不可復加然君初入關本得百姓心十餘年矣皆附君尚復孳孳得民和師古曰孳字與孜同孜孜言不息也○宋祁曰注文息一作逮上所謂數問君○宋祁曰此疑有者字畏君傾動關中今君胡不多買田地賤貰貣以自汙上心必安師古曰貰賒也貣音上得反於是何從其計上乃大說上罷布軍歸民道遮行師古曰在道上遮天子行上書言相國彊賤買民田宅數千人上至何謁上笑曰今相國廼利民民所上書皆以與何曰君自謝民後何爲民請曰長安地陿上林中多空地棄願令民得入田毋收槀爲獸食師古曰槀禾稈也言恣人田之不收其槀稅也槀音工老反稈音工旱反○劉攽曰言毋收槀草爲獸食而已上大怒曰相國多受賈人財物爲請吾苑乃下何廷尉械繫之數日王衞尉侍如淳曰百官公卿表衞尉王氏無名字師古曰史失之也侍謂侍天子也前問曰相國胡大罪陛下繫之暴也師古曰前問謂進而請也胡何也上曰吾聞李斯相秦皇帝有善歸主有惡自予今相國多受賈豎金爲請吾苑以自媚於民師古曰媚愛也取愛於民故繫治之王衞尉曰夫職事苟有便於民而請之真宰相事也陛下奈何乃疑相國受賈民錢乎○宋祁曰浙本作民人且陛下距楚數歲陳豨黥布反時陛下自將往當是時相國守關中關中搖足則關西非陛下有也相國不以此時爲利乃利賈人之金乎且秦以不聞其過亡天下夫李斯之分過又何足法哉陛下何疑宰相之淺也上不懌師古曰懌悅也感衞尉之言故慚愧而不悅也是日使使持節赦出何何年老素恭謹徒跣入謝上曰相國休矣師古曰令出外自休息相國爲民請苑吾不許○宋祁曰越本作相國爲民請吾苑不許我不過爲桀紂主而相國爲賢相吾故繫相國欲令百姓聞吾過

高

於是上曰陳豨將誰曰王黃曼丘臣皆故賈人上曰吾知之矣迺各以千金購黃臣等十一年冬漢兵擊斬陳豨將侯敞王黃於曲逆下〔正義〕定州北平縣東南十五里蒲陰故城是也破豨將張春于聊城〔正義〕博州縣斬首萬餘太尉勃入定太原代地十二月上自擊東垣東垣不下卒罵上東垣降卒罵者斬之不罵者黥之更命東垣爲眞定王黃曼丘臣其麾下受購賞之皆生得以故陳豨軍遂敗上還至洛陽上曰代居常山北趙迺從山南有之遠迺立子恒爲代王〔集解〕徐廣曰都中都〔正義〕中都故城在汾州平遙縣西南十二里代鴈門皆屬代高祖十一年冬樊噲軍卒追斬豨於靈丘〔正義〕蔚州是

史記韓王信盧綰列傳

高紀索寫廿原之

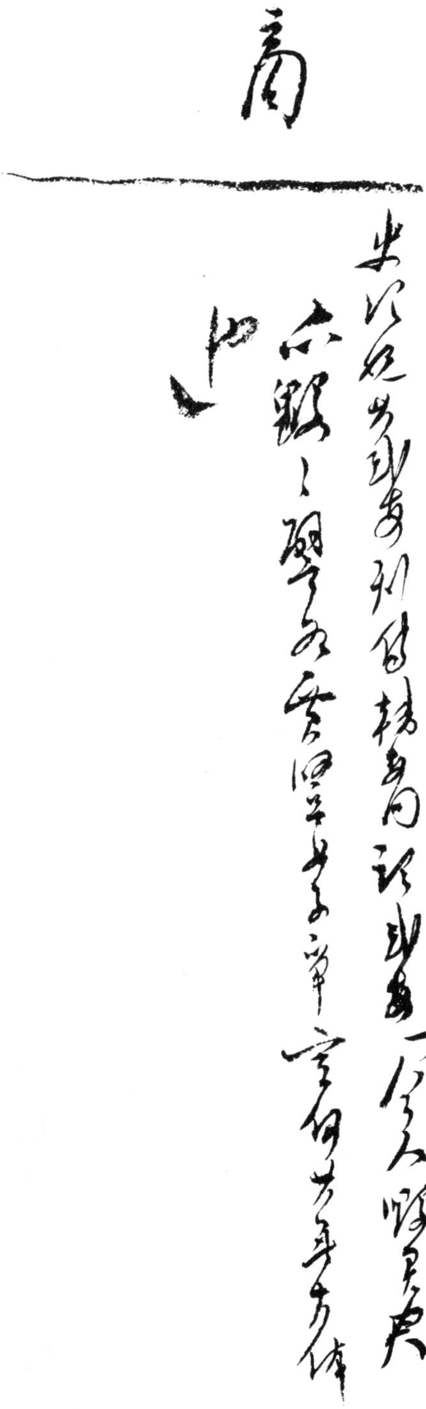

商業

重農抑商爲周秦以後學者通好之論
之說也
史記貨殖傳亦引俗語稱之之言

商業
要、謹、信、經

商業

漢書胡建傳：守軍正丞，時監軍御史爲姦，穿北軍壘垣以爲賈區。師古曰：賈區，爲賣物之區。區者，小室之名，若今小菴屋之類。故衞士之屋謂之區。廬宮衛宮外士舍爲區者也

商

肆克元百商部堂自如

商

宋登傳

宋登字叔陽京兆長安人也父由爲太尉登少傳歐陽尚書教授數千人爲汝陰令政爲明能號稱神父遷趙相入爲尚書僕射順帝以登明識禮樂使持節臨太學奏定典律轉拜侍中數上封事抑退權臣由是出爲潁川太守市無二價道不拾遺病免卒于家汝陰人配社祠之

同儒林

攻擊鄉聚莽遣司命大將軍孔仁部豫州納言大將軍嚴尤秩宗大將軍陳茂擊荆州各從吏士百餘人乘舡從渭入河郝日趙本士作匕舡當作船至華陰迺出乘傳到部募士尤謂茂曰遣將不與兵符必先請而後動是猶紲韓盧而責之獲也師古曰紲繫也韓盧古韓國之名犬也黑色曰盧夏蝗從東方來蜚蔽天師古曰蜚古飛字至長安入未央宮緣殿閣莽發吏民設購賞捕擊莽以天下穀貴欲厭之師古曰厭音一葉反爲大倉置衞交戟名曰政始掖門流民入關者數十萬人迺置養贍官稟食之師古曰稟給也食讀曰飤使者監領與小吏共盜其稟饑死者十七八先是莽使中黃門王業領長安市買賤取於民民甚患之業以省費爲功賜爵附城莽聞城中饑饉以問業業曰皆流民也乃市所賣粱飰肉羹持入視莽師古曰視讀曰示曰居民食咸如此莽信之冬無鹽索盧恢等舉兵反城師古曰索盧姓也恢名也反城據城

商莽傳
刑

史意也風俗使者八人還言天下風俗齊同詐爲郡國造歌謠頌功德凡三萬言莽奏定著令又奏爲市無二賈（師古曰言純賈也賈音價）官無獄訟邑無盜賊野無饑民道不拾遺男女異路之制犯者象刑（師古曰象刑解在武紀及刑法志）劉歆陳崇等十二人皆以治明堂宣教化封爲列侯

費長房傳

費長房者汝南人也曾爲市掾市中有老翁賣藥懸一壺於肆頭及市罷輒跳入壺中市人莫之見唯長房於樓上覩之異焉因往再拜奉酒脯翁知長房之意其神也謂之曰子明日可更來長房旦日復詣翁翁乃與俱入壺中唯見玉堂嚴麗旨酒甘肴盈衍其中共飲畢而出翁約不聽與人言之後乃就樓上候長房曰我神仙之人以過見責今事畢當去子寧能相隨乎樓下有少酒與卿爲別長房使人取之不能勝又令十人扛之猶不舉（說文曰扛橫關對舉也扛音江）翁聞笑而下樓以一指提之而上視器如一升許而二人飲之終日不盡長房遂欲求道而顧家人爲憂（顧念也）翁乃斷一青竹度與長房身齊使懸之舍後家人見之即長房形也以爲縊死大小驚號遂殯葬之長房立其傍而莫之見也於是遂隨從入深山踐荊棘於羣虎之中留使獨處長房不恐又臥於空室以朽索懸萬斤石於心上衆蛇競來齧索且斷長房亦不移翁還撫之曰子可教也復使食糞糞中有三蟲臭穢特甚長房意惡之翁曰子幾得道恨於此不成如何長房辭歸翁與一竹杖曰騎此任所之則自至矣既至可以杖投葛陂中也（陂在今豫州新蔡縣西北）又爲作一符曰以此主地上鬼神長房乘杖須臾來歸自謂去家適經旬日而已十餘年矣即以杖投陂顧視則龍也家人謂其久死不信之長房曰往日所葬但竹杖耳乃發冢剖棺杖猶存焉遂能醫療衆病鞭笞百鬼及驅使社公或在它坐獨自恚怒人問其故曰吾責鬼魅之犯法者耳汝南歲歲常有魅僞作太守章服詣府門椎鼓者郡中患之時魅適來而逢長房謁府君惶懼不得退便前解衣冠叩頭乞活長房呵之云便於中庭正汝故形即成老鼈也大如車輪頸長一丈長房復令就太守服罪付其一札以勅葛陂君魅叩頭流涕持札植於陂邊以頸繞之而死後東海君來見葛陂君因淫其夫人於是長房劾繫之三年而東海大旱長房至海上見其人請雨乃謂之曰東海君

商業

有市之鄉

三國蜀志[illegible]

商業

販脂之雍伯

敬擬佳什什

商

史記本紀

隋書・高紀十三 陳錫原占（嗛）東西邸邪閩 尚錫將時好賢人也 人號

不知興之矣 吳乃亦以會（觹）錫將之 之乃如陳書

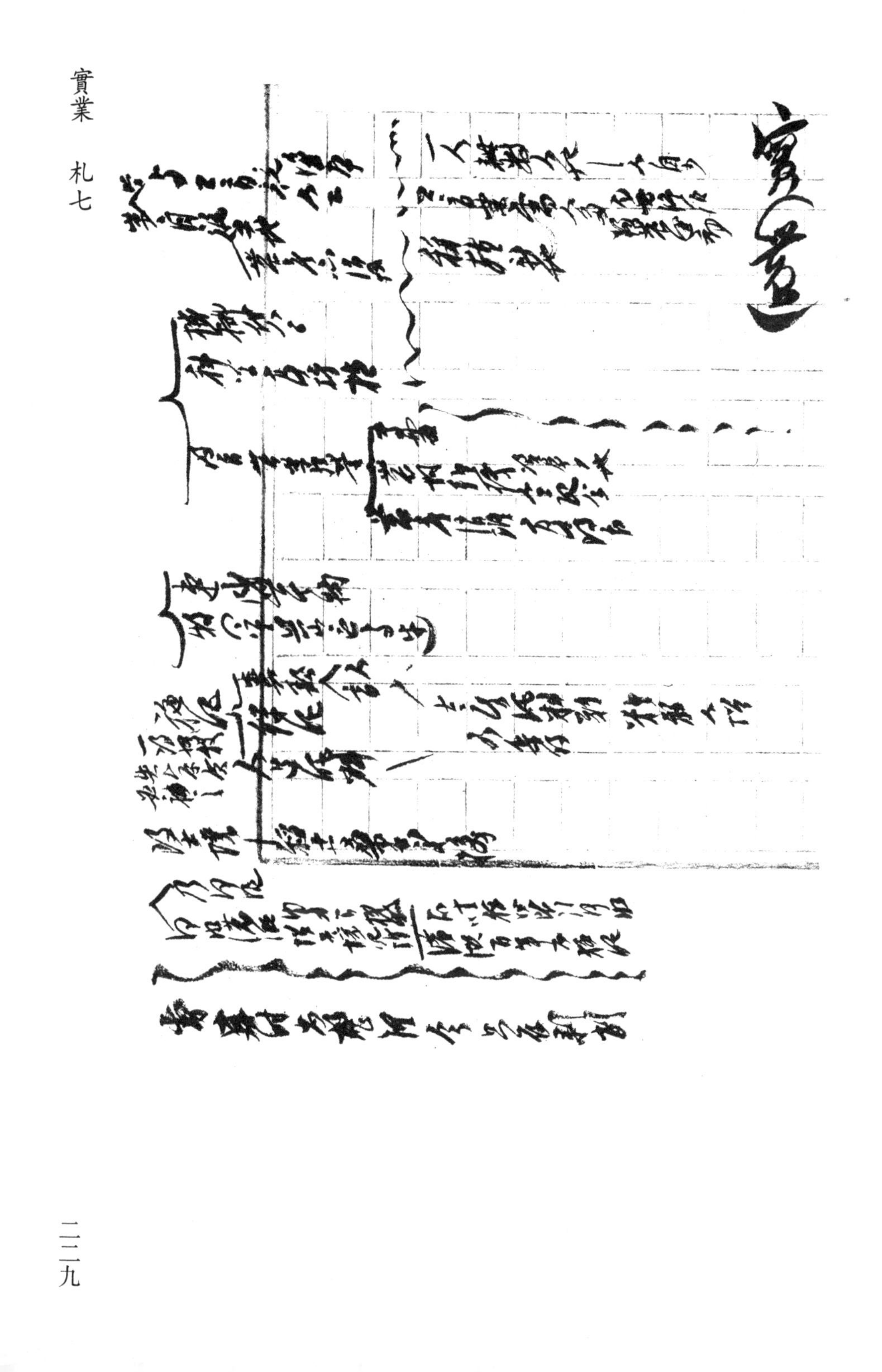

貨（晉）

美錢一與玉米

雉錢一穀栽少

銀一與土生權動物言金可切割者

自然農林

（人種）屬實　樹根十分之竹

（原始）畜牧　以[illegible]手採[illegible]植物

（畜牧）獵狩飼養者　其[illegible]分[illegible]

農業 [illegible]

（紡織）以紡織棉花為[illegible]　[illegible]

（栽培）地[illegible]

（農林）[illegible]

（耕稼）稼[illegible]植物[illegible]代耕[illegible]

（園藝）人工培成[illegible]　[illegible]

農業四變

農具用鐵。則耕種深而苗植固，人工減而生產增。耕牛使用更

減人工，灌溉隨之益增生產，八口五口足耕百畝矣

阡陌之興。鋤耕進為犁耕，乃地必畫分為小長方形，加以灌溉

方[redacted]以始將田畝細分了，了之所謂，即所謂阡陌者

農部社會。最初組織簡單，西人稱為部落社會。 通此為封建

社會，其中農奴為農民，漸成佃戶。 佃乃漸進化為自由 僱

通農業革命乃成現代農村社會。 農業革命間接工業革命

亦可云工業革命之反響，以農業受工業革命影響甚積破產

乃采用新耕方法，使耕作之形式，工商業平衡發展

農業革命。像受工業革命影響，故間接工業革命 工業革命

資本人工 隨舊城市農村共其工業資本亦為城市所吸收人工亦被城市吸收而舊城之商 舊農業存自足農民衣食生于手工田自用品亦自製至此農村僅賣遂成農業者 轉是與工商業競資本人工自競土地及農產品銷場亦競人工資本 務是(一)改良農業之作(A)以機械代人工(B)用科學方法種植(二)改良農業經營如(A)專業以專務一二種農作(B)以精其知識技術 作(B)農場組織工資本土地人之結合(C)農產消聯方法改良等 農村社會學 農業29

速陳農村○寒時長而多霜之地 西北高寒 小米 小麥 大麥 稞

麥

牧牛羊馬之處○乾牧羊區牧牛馬羊小所需食料不若牛馬多

實業（四）（農業）

近極 近於寒處。無可食之植物以漁獵而生 然内陸動物亦不
多以植物少。無以存也 故多漁食海
近極亦畜犬。家畜猶犬外無食用獸此亦動物多植物少畜犬
影宜
土壤。地面上一層極鬆之土質也 故可受風水侵蝕 風水共 細質吹
蓋因因風化侵蝕所生土壤估計至百萬年之久
近代然後將 其沖入河中
中國之梯田即對土壤侵蝕之防止方法者多
調劑土壤中水量。灌溉及排水是也
犁耕。其用（一）因鬆動土壤使可增土壤中之空氣可增加壤土黏
土壤與空氣之容積可增其養化及消化作用（二）可以耕種

凡一切足以攙雜動物遺體或礦物質入土壤

耕耘。種植後須時耕耘之。耘之所重在除草，又可減少土面之蒸發，保持土壤中水分

肥料。分糞類、綠肥、人造肥料三種　若要設圈畜養牲畜用人糞

綠肥除增加土壤生產力外，並可防範土壤侵蝕，減少土面蒸發

人造肥料分有機無機兩種

施肥時須以攪拌土壤中，以播種前即先一部分作補之用

改良土壤之法。如砂黏土上散播河土，河土上散播黏土，以調

酸鹹亦是百種生氣生之[illegible]

河水灌溉。河水內之礦物多灌溉於土壤肥[illegible]，河水灌溉[illegible]種　底使種田者引

百畝年

廣種施肥

農業有了化。今世界上穀類除稻米外，大穀類原細亞土生種

加以馴而使之農業者，遷最早黃河流域，陸續傳播，由甘肅傳入大夏、兩河、新大

陸穀類食糧只動米與新大陸出代于代遠廣了區，此外大為

因也。穀類原產稻非洲也，種穀類亦由澳洲初萌之時與人士生

植物宜于人食者亦多人，土產新種已爲農作直接與年擇大文

汇了尚已

粗放集約。施肥 休耕輪種時日集約 土產而肥料難得 即常粗放

農剝與作已耕了地，重行施肥，行在于密耕細也，人以粗乃殷

集約與農剝

實業（續）

土地為都落之主要。此新開田村落會議支配以居於重仍之共區岁

莊園地時常亦不適著于中等階之所占分已　南京雞城堞

入都市租税路為現出遊發為地在英國之已東觀也

由居民可轉向工商。新力附加出熟人可耕者對人之地自可移

向工商。然善為可移植新地

禦陽防沙。風將向吹來亦將同吹出　古牧因為處而方向不同

吹去之方向不無關係來之方向可禦陽防之沙室高隄亦費

高一尺闕口沙入而四周村落皆沒矣

草根擁木能壁沙卻使不動。此等層出草乃移　但草木不不能

太多之則形不足用而枯萎必代去其多分　（一）應種草可用

飛機自沙漠上撒下草種（二）牛羊嚙草須有限制，冬宜以乾草以給牛羊

沙漠中人所立○自古以來，今內蒙西北之蔬菜

沙漠之不利植物○日光使水為雲，使植物成熟，沙漠中之乾燥

其非只數千里，沙礫亦能逐月而徙，塵隨之，植物受此塵即死

遇海則其氣受冷則吸收溼氣

改良土壤諸法○於沙河上布種黏土，黏土布種，河出稻豆麥種

人造雨　人和山頁一九八—二〇四

飢荒富商人富當色不甘工，飢荒則傭廉

農本主義毀穀減田　人和山頁八〇—八二

不必耕地，以今之法可生食物，可活四倍於今之人口

必實業社會化。全權操諸國家之手，隨人之性如何，人量其材適合分派職

之業

各料價貴賤，人所能不能自調適隨，皆供給當所需者

此種議論，以與黨爲方利民，而如由外輸入之種爲傳民之說也（則業此傳當）

營業者亦適當分配其報酬。生產者不至虛糜，使用機器以求事業適

用之範圍甚狹。生產物終保存，運輸較不便，機器運用較

二、商業人今皆分裂二商

營業者要。不但各子業元料亦輕之

營業者居于組合勞動。非失業者則〻〻〻乃傭雇勞動者

大營業者之對立國。對開國而大營業總之營業國則小且甚小

進步之迹也甚

土地私有錢的古昔。以農業為多數的難覺得之，之發圓而發

古代矣　具今之從事家為陸陳家於刺闡勞動情形不知也

因之但知前減生產費

蓋人流入都市。現時文明悉集都市，富豪輩才力皆趨之

而不得附止

耕者苦於思至能且為目標。現時之人非以得土地所有權

為自耕農而足矣

水田與機械。蓋汽、電氣動機械使用較少　打稻機則可於

耕種今後可為之。僅難任。不能現時經得之打稻耕種

中古式農業與近代式農業之別。前守先民成法，後重學理

前者勞力的，後者資本的；前者同地面精，機器倍於个人所

以大　前者自給的，後者企業的；故物價陡落，影響前者甚微

外國農業近代式。英自1760至1825，法自1789，美大革命至1860，美自1860至1890

德自1860至1900，日俄戰後漸進於此

耕地僅得依報酬遞減法則

吾國重要農產。米、麥、絲、茶、棉、山貨、牛、大豆、菸葉

山芋　高粱　大麥　小麥　花生

外國農產侵入中國。仍銷國農蠶絲織品甚繼續大宗不能行

細絲收縮，以華毛太粗不及人織細帳

冰車。新鮮蔬菜肉類可運至遠方

洋貨傾銷影響其產工業化。而民族工業被破壞及於此者（如麥粉洋布[illegible]捲煙煤油蠟燭火柴針織）

外國援助之款。如南運邊疆經濟之策　美以剩餘之麥　借麥忘　貸傾借

予案

前之論農產者。（一）債權債（二）地主權（三）官廳經費徵求此則不

關鍵所在之法矣　又標權時　又疾病表格

都市化之實業者。借道債務制對農業田租及借貸利率加重

抵押不動（劃）方高。小農無抵押資格　小農以高利借貸者產品

押與權利付債而其更以抵押所得產價收贖

收穫後之借貸無益生產。以因以償債。雖以之生產也

小農之害：(一)阻農業機械化，限制生產力之發展(二)使農民(A)
自私(B)守舊心　蘇聯國營、集體農場好(一)可用機器及化學
方法(二)可穩得耕地(三)可建設水利
農工關係。如對於工業發展，農業機械化乃得充分進行
大農與耕農。如哈林馬達三十匹馬力收穫機割禾機打禾機七
十匹馬力蒸汽打禾機二百五十匹馬力蒸汽犂一千匹馬力乃能兩

舊使用
今農業所要。種子改良、蟲害消除
硫酸錏廠之設立。此于肥料問題當可得一大進步
農業改良。分試驗、推廣，試驗當由專門機關擔任，推廣則係農民頭

隨後此[illegible]使[illegible]遂[illegible]農民

農業集體化。政府開設主要的[illegible]機構[illegible] 私人業私人機器[illegible]

主要營利為[illegible]

農耕機械化。至此三年到の十年中，[illegible]第[illegible]三第[illegible]九十

自以來 私人之農業機器[illegible]大部分以其[illegible]給[illegible]

[illegible]縣可不自設[illegible]計[illegible]得來

農業集體化之完成。以農人之拖拉機為拖拉機[illegible]傳[illegible]

農民合作社。一國就[illegible]消[illegible]農產品二十年來亦難合作

國內農場面積。蘇聯時[illegible]農民[illegible]增加耕地[illegible]統[illegible]

千丈農民每戶[illegible]之農場[illegible]數[illegible]村數[illegible]可倒閉[illegible]乃[illegible]此[illegible]

實則共家人及他家國為資物的方法
不值一駁。至物不思其錯誤
日本農業林業。(一)小規模的家族的經營　農民的經營非營利的經營個人的經營非以
同的經營至日本不能說同經營分配于佃農與佃作合議各地
主張是否當由傳單乃為發言至日本　專業者他業自給乃營
營不了適耕畝　兼業農園的又完全附屬之林牧　經其亦為此　此如中國
頭義除一二國外時有所兵且以耕種此營為亦如中國　被
如北海道地耕畝亦較中國東三省也　家庭的之用的與之
營此分同以合業為與自家勞動報酬團計且償自備資此經
仁于勞工主義

(二)農業分耕稼、芸圃，于耕稼耕稼又以稻作為主，稻作（水田）頗精
專門以樹藝之一者言，難歸于牛隻不多矣，且地不宜耕草而
魚丁多，亦未曾用也。青有根肥料為用不廣。耕植外直轄于圃園
(三)蠶業簡陋，亦齊藝業。山腹傾斜之地可種桑，養蠶節而危險
其經路向多額將入
(四)山地多平原少，傾斜地每為田園，園地不少。傾斜廿度以上為水田園，蒔園則傾斜
至此目傾斜之地試驗
度上求以耕薊菌
(五)耕地價格及佃租高昂，農家收入百之八十為地價繳
淺者少矣。地價高則佃租隨之，平均為十至園什三什四
其園(六)農地少而改良(七)歷史的關係，明治初高額田稅，階級時變為田產

因作業繁劇需乃備除

資本主義之農業與流通營業積聚不售或售價下落方于破產

政府且令農人毋積其貨人才饑　巴西拋咖啡于海底

殊其生產盡有餘生產之過剩亦及營業法律書法利潤不佳

亦雇勞力　第數生產過度籌募時將勞力低落防課價之關

其生產過剩消費本追不上　以期價利潤而多積貨積倉

大志

各價格大落抑此影響所不能也　營業價格影響而出產以

全世界而計營業者多數如　第一種植之大農業者遭破產之

實業大暴落　如巴西咖啡橡皮及棉　加拿大小麥皆是　供自給則屬矣不隨市場波

動而破產矣　地租積減以勞力出地時勤之本自經減收終

小耕地經且不及佃他人之不猶小也　蘇俄大農業務仍向

傾銷

實業（鑛）

媚川都○劉鋹於海門鎮募兵仟采珠計二千人○號媚川都○凡采珠○必繫石於足○腰絙而沒○或深至五百尺○溺死者甚衆○（續通鑑七）

十寸距海遠○古類所出者高下地帶以材料之關需年代甚久早不無高低傾陷者以同樣率爲多年代積動之變更 除雨流水所沖積之礦物外砂 如金而形純粹 始具價值之十寸距海而遠

惟地殼下沉之區者例外

什物

剛金○唐书西域傳拂菻國出剛金狀類紫石英生水底石上人没水取之可以刻玉投以羖角乃泮

合作

合作○乃要欲以和平方法實現經濟上相互之利益並發展之
消滅之人類自私自利之運動由若干同一性質之人以自由之意
志相結合因經濟努力以平和創造一種或一種以上經濟事
業把經濟上之權力收歸從合事業之經營者辦理

營業合作○信用合作社　購買合作社　村　營銷合作社　為人中
別　購買利用合作社　信社為借貸之　合國民自治訓練
　　儲備有用物
之權利使之得有聯合系統自治組織　盈餘可撥作公益

貸方事業經費

放款用途○購買土地　購買用具肥料種子　修房舍牲畜

分配　清償以其債抵押債務

農村土地房屋抵押。土地估價不超過百分之五十，房屋百分之二十。以此抵押借券之〃〃利息爲年二分，由放款利息一分以增設銀行營業。抵押品估價須經理由信託公司核農之一業經信託公司核業根定標準按好可備

所借之款以百分之五轉放款社[redacted]股票。此放款社可向上級銀行借款，而農業者借款須用擔保抵押品，不足由農償

推銷合作。被合作社推銷　合農業不合理　減價要求的負擔

設董事會爲各推銷合作社與國家之間接洽業務

買賣，由以平價與各合作社常年的

實業

都市社會學原入門

鄉村人口須地七十

方里至200方里

都城2至5人1方里

農業者達此為數

每方里有200人

工業者達1比5000至

800人

廿·三·二八 國民政府令 魚穀應以平價一律豁免關稅 無論何項機關皆不得另立名目征收任何捐稅

農會法

十九．十二．三十公布

叢今以總結付

廿二、一、二、廿七以後

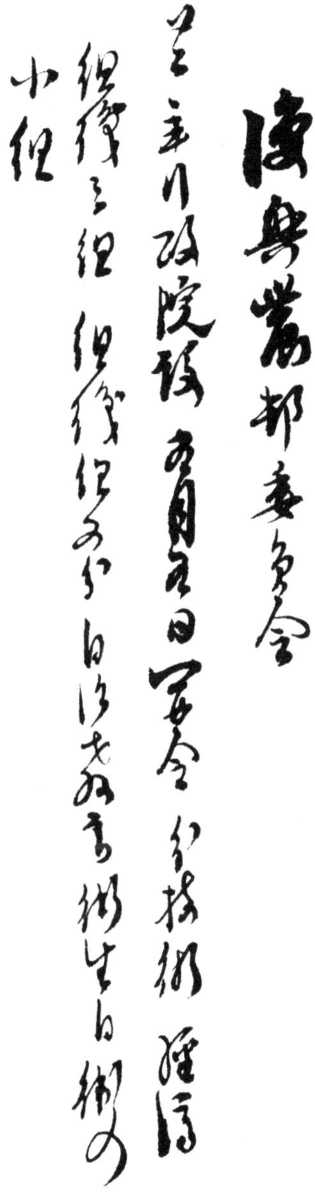

復興業務委員會
茲奉本月該項經費 本月五日召會 仍請撥付 謹請
經理之經 經理經費仍須由總務處長由總務之
小組

燈叢

江湖燈叢局

十七年十二月印信

護漁辦事處

實部撤消各區漁業筦理局及江浙區漁業改進會，以設於上海，統筦江浙冀魯閩粵六省洋面，凡巡艦概歸管理，除予護航不收費

實業部上海魚市場

廿五·五·二一開幕

實業

趙過

過以教田太常三輔蘇林曰太常主諸陵有民故亦課田種也大農置工巧奴與從事爲作田器

二千石遣令長三老力田及里父老善田者受田器學耕種養苗狀蘇林曰爲法意狀也民或苦少牛亡以趨澤師古曰趨讀曰趣趣及也澤雨之潤澤也

故平都令光教過以人輓犁師古曰輓引也音晚過奏光以爲丞教民相與庸輓犁師古曰庸功也言換功共作也義亦與庸賃同率多人者田日三十畮少

者十三畮以故田多墾闢過試以離宮卒田其宮壖地師古曰離宮別處之宮非天子所常居也壖餘也宮壖地謂外垣之內內垣之外也諸緣河壖地廟垣壖地其義皆同守離宮卒閑而無

事因令於壖地爲田也壖音而緣反課得穀皆多其旁田畮一斛以上令命家田三輔公田李奇曰令使也命者教也令離宮卒教其家田公田也韋昭曰命謂爵命者命家謂受爵命一爵爲公士

以上令得田公田優之也師古曰令音力成反又教邊郡及居延城韋昭曰居延張掖縣也時有甲卒也是後邊城河東弘農三輔太常民皆便代田用力少而得穀多

其後河東守番係言漕從山東西【索隱】番音婆，又音潘。詩小雅云番維司徒，番氏也。係音系。從山東西者，謂從山東運漕而西入關也。歲百餘萬石，更砥柱之限，敗亡甚多，而亦煩費。穿渠引汾【正義】括地志云汾水源出嵐州靜樂縣北百三十里管涔山北，東南流入并州，即西南流入至絳州、蒲州入河也。溉皮氏、汾陰【正義】括地志云皮氏故城在絳州龍門縣西百三十步，自秦漢魏晉皮氏縣皆治也。汾陰故城俗名殷湯城，在蒲州汾陰縣北九里，漢汾陰縣。下引河溉汾陰、蒲坂下，度可得五千頃。故盡河壖【集解】韋昭曰：壖音而緣反，謂緣河邊地。【索隱】又音人兗反。棄地，民茭牧其中耳【索隱】茭，乾草也。謂芻及牧畜於中。今溉田之，度可得穀二百萬石以上。穀從渭上，與關中無異，而砥柱之東可無復漕。天子以爲然，發卒數萬人作渠田。數歲，河移徙，渠不利，則田者不能償種。久之，河東渠田廢，予越人，令少府以爲稍入【集解】如淳曰：時越人有徙者，以田與之，其租稅入少府。【索隱】其田既薄，越人徙居者習水利，故與之，而稍少其稅，入之於少府。

曰株送徒又文穎曰凡鬬雞勝者爲株傳云陽溝之雞三歲爲株今則鬬雞走馬者用之因其鬬雞本勝時名故云株選徒者也是時山東被河菑及歲不登數年人或相食方一二千里天子憐之詔曰江南火耕水耨〔集解〕應劭曰燒草下水種稻草與稻並生高七八寸因悉芟去復下水灌之草死獨稻長所謂火耕水耨也令飢民得流就食江淮閒欲留之處遣使冠蓋相屬於道護之下巴蜀粟以振之

農牧

業俟

居蒲子應劭曰故蒲反舊邑武帝置師古曰重耳所居也應說失之絳晉武公自曲沃徙此有鐵狐讘師古曰讘音之涉反騏侯國師古曰音其

太原郡秦置有鹽官在晉陽屬并州戶十六萬九千八百六十三口六十八萬四百八十八有家馬官臣瓚曰漢有家馬廄一廄萬匹時以邊表有事故分來在此家馬後改曰挏馬也師古曰挏音動○縣二十一晉陽故詩唐國周成王滅唐封弟叔虞龍山在西北有鹽官晉水所出東入汾臣瓚曰所謂唐今河東永安是也去晉四百里師古曰瓚說是也葰人如淳曰音瑣師古曰又音山寡反界休莽曰界美師古曰休音許虯反榆次涂水鄉晉大夫知徐吾邑梗陽鄉魏戊邑莽曰大原亭師古曰涂音塗梗音鯁中都于離莽曰于合茲氏莽曰茲同狼孟莽曰狼調鄔九澤在北是爲昭餘祁并州藪晉大夫司馬彌牟邑師古曰音一戶反又音於據反盂晉大夫盂丙邑平陶莽曰多穰汾陽北山汾水所出西南至汾陰入河過郡二行千三百四十里冀州寖京陵莽曰致城師古曰即九京陽曲應劭曰河千里一曲當其陽故曰陽曲也師古曰隋文帝自以姓陽故惡陽曲之號乃改此縣爲陽直今則復舊名焉大陵有鐵官莽曰大寧原平祁晉大夫賈辛邑莽曰示上艾綿曼水東至蒲吾入虖池水師古曰虖音呼池音徒何反慮虒師古曰音廬夷

陽邑莽曰繁穰廣武賈屋山在北都尉治莽曰信恒師古曰賈屋山即史記所云趙襄子北登夏屋者

廿七

廿七

唐山 見五五 處士宋

漢冶萍 見一四 冒將軍蔡鍔 蜀敗

大冶鐵礦 見一六 治法精詳 創辦漢陽鐵廠 采大冶鐵

萍鄉煤 見一四 盛極 于萍鄉黄之煤 方指設 俱得清濟

萍鄉礦 計敵五時尚

（實業五）

工業革命三現象㊀(一)機械革新(二)工廠制度(三)分工組織　機械成工業重心　人隨機械分地則工廠也

工業與鄉村㊀工業之發達在平原(一)平原宜於發展交通(二)平原多有森林及礦場　工業新興於山岳森林地帶　及水通利運路及電力傳達　使農村與平原地帶工業興矣　以平原也

農村得與都市人工多勞動運輸亦方便也

讀漢書札記

東方望題

錢幣一

錢幣提要

「錢幣」一包札録，内分「錢幣（一）」「錢幣（二）」「錢幣（中）」和「錢幣（下）」四札，其中「錢幣（一）」内又分四個小札。這包札録，大部分是先生從《管子》《商君書》《國語》《史記》《漢書》《晉書》《隋書》等史籍中摘出的資料，也有一些是讀其他書籍或雜誌的讀書筆記。

吕先生的札録，天頭或紙角常會寫上類别名稱，如「錢幣」「幣價」「金」等等，有些札録寫有題頭，如第十三册第二七〇、三二二頁「秦用錢」「百金之士」等。抄録的資料，詳略各有不同，有些只在題頭之下附記出處。部分札録加有按語，如第十四册第二二頁「勉案：可見一束布不貴」。第十三册第三四七頁「勉案：江湖醫廣告有曰則喜則怒者，即載喜載怒，其語乃甚古也」。摘録的資料大多注明篇名頁碼，如第十四册第五頁有「漢書五九2下」「九六上6下」(即《漢書》卷五九第二頁反面、卷九六上第六頁反面)。第二札中《晉書》《宋史》《齊書》與《南史》的資料，摘録時已做過文字的比對。第二札内有一疊，似是先生所撰《論古代幣制》的未完稿。

「錢幣」一包，内有剪報資料，此次整理只收録其中一部分；札録的手稿部分，均按原樣影印刊出。

錢幣

宋錢因通商流海外甚多

唐宋之时代中西通商史31—34

錢

秦用錢

史記六國年表秦惠文王二年行錢

始皇三十七年復行錢

翁

種種由宋金元三朝的紙幣形式以何我們現在並不瞭然，若在明代則其形狀大小已有可考。陸容菽園雜記說：寶元鈔當不詳六尺寸之寶，今之鈔豎長一宮尺，橫八寸（一九〇九）。民國初年西泉地下發掘到明朝印造紙幣的木板，其大小相符。此等鈔如何辦？但猶幣用法較繁，以鈔法時許權說：洋錢乃外夷之制，行諸中國所從以便則可語鈔，，便於洋錢則亦可洋錢，，不過寸餘一方寸之囊，貯洋錢十枚，需錢償貯小鈔十貫，長而近尺許，闊亦五六寸，紙不極厚，欲全摺疊為洋錢一六囊，勝儲然三四枚語十貫自己攜，鈔無須零折，此又不困，論者以為自可宜可從。十貫起，於又說着是別處買日載票何地曰以票匯現錢載回票為便

30

且鈔票長不過四寸闊不過三寸，紙張極薄，殊以千計之速[redacted]者

時印刷技術不如後世之精，所製之鈔偶有破損，或在小，然民間

行用之錢票僅長四寸闊三寸，何以古鈔須加至一倍有餘，即此

亦可為不能隨社會之進步而改良，亦可見政治家之所以遠較

社會自然發生之東西為落後。又當時之紙幣既為此等重而元鈔

始中統鈔乃以十文起，馬端臨言元之鈔則起自五文，共百文

嘗造聲鈔起自一文至寶五大二貫，造五十文鈔起於二貫[redacted]

[redacted]始的寶鈔，釋為亦起自一百，識用繇自使用者為零斷時

但不易辦尚法領識之錢時潛權豪說此為不行了事也，可則

立法之意在便輕為重也，如將建之力於便輕為重，則不得又

31

不過指民鑄者言定（一九一八上）此言最為爽勝紙幣行用既久原可以不即具有一種價格不必依[redacted]附他物然其初興時則必依附一[redacted]而價格然後並此所依附之物自莫拘於向來通用的銅錢與其直代的代使紙幣之初其價格仍從其有的銀幣蛻化以是一種缺附即不為零星使用計[redacted]銅錢亦不可不鑄而錢幣之語三折識以錢為銅本時僅見順帶時之說了一人而當時鼓之者世貴義即[redacted]民之意亦不以為其言又有見的士大夫所謂[redacted]的議論了

從用銅進化到用紙原係最為順利之事而為政府之私意所致紙幣既系無價值銅錢又驅逐淨盡民間[redacted]交易乃[redacted]不能通

自買代錢以自給

兩銀遂有散錢而代之々所以然生活程度不斷驟然增高

是以要用銀共物還是不[redacted]行的所以由用銅變化到用銀共

一百銀還只一个自然的時代當這時候政治上郁々要用[redacted]銀子法應

付呢那共最好的的莫如漢桂芳用錢不廢銀之説當道咸豐間乃法行亂黨

紋銀大漏出洋銀價日益昂貴[redacted]錢賤錢々貴議[redacted]多數人

懷要以告錢用錢然他人頗議論其以錢爲絶物實爲不可遂

桂芳頗知道今天下以銀易錢々物已成爲銀易錢實不可行

詔覈所于市場買八銀遂使用律不應行々其則爲收歸政府都職

一以錢々々一切各業凡舊償之一兩銀統收爲一千八百文打下

及民間一切[redacted]寫制以一律以錢爲都而準以銀起數々々定率以

前經呈明將生息存款、官借存款一節，擬將此項各項存款解存部庫，稽覈[redacted]張
兼用銀〃〃〃六兩比較而已也，照案運解[redacted]〃〃辦理，則價算即
部撥時官價每年尋〃〃於省一年內解京應撥之款，但照
定價銷算，以昭畫一，而市價漲落則去不隨抑〃〃，解款仍將於
司庫另款存儲〃〃，則出別立一款報銷，而以其赴市價漲兩抵補
價之例，撥時造報而不加詳，以防其弊。其八分準此，則之別銀銅
之額，銀錢應貴大勢方隨時而消長，可以一聽其自然，而無虞過於
平減之弊。價格則尺度既歸畫一，又不勞多鑄補斂而自足稽固
真可謂[redacted]善者國之[redacted]了無窮不窮隨時消〃即[redacted]
此所用值出洋減國時其說，每年人材常以誠再擇之鄉百里晚

[illegible]

莫不善於[illegible]代之開[illegible]考之史[illegible]錢[illegible]圓錢蓋一家之法秦

半兩已為莢錢為四銖為三銖為五銖為赤仄為三分之通[illegible]

却為四出為小錢為[illegible]為九府[illegible]已為[illegible]乾[illegible]

乾元重稜當十[illegible]宋[illegible]一再[illegible]

十嘉定錢當五又雜用鐵錢[illegible]

[illegible]錢[illegible]

[illegible]

輪郭周正字文明[illegible]蓋[illegible]銅[illegible]二三百年[illegible]

[illegible]錢不[illegible]此錢[illegible]

[illegible]重錢[illegible]上[illegible]錢[illegible]不重[illegible]（卷三[illegible]）[illegible]林[illegible]言

38

94

貳、辦法什可說明白了而且為一廣意不愛銅不惜工之論甚乎
前之時的九龍府文書借鑄政策的提案以為論以防止私鑄論
聽莫如此法之善然尤當可以防私鑄而不以戳私銷且因其鑄
的精良和銷[redacted]改[redacted]精良的材料銷毀
多敲家的撈先[redacted]害夫國家的鑄錢本是行政的一項原不應辦
籌寶利[redacted]鎮不計不為打算了其失[redacted]就不可許以巨張的財源
慎年前的難顧慮所以不愛銅不惜工識欺貨幣論上的格言而
亦只是格言了一難非墨守此一[redacted]討而即可以為諸而時情的價值
鑄政策則只知墨守着這一論的的鑄錢只是較遠的力小去的
例自開國至己於止乾隆六十年當國小錢充斥而全國各省停鑄系

[redacted]所鑄寶源寶泉二局咸所鑄[redacted]嘉慶年即所發，至五年而概
除去，蓋此外是二百餘年之中[redacted]各[redacted]外[redacted]同時兼鑄明以前
錢之數，其[redacted]
四九八以下，四九八以上，四九八以下，然所鑄者大抵皆明錢
於列郡，縣未有之，悉皆乾隆以前，時寫於盛京潘陽，錢後云云。自
系及新疆所鑄邊錢云云，而各省所用，鄰廣西，皆以前遺之，有劣錢之重一錢二
分者，此政不多見，惟康熙年所重八九分一錢之小錢，目所見，大劣錢
則使中有雜以舊邊錢、扁沙板及鉛錫所雜，因而錢之，陋極矣
大劣錢，目所得千年[redacted]千百中僅見一二，雜以錢距今二十餘年，康
熙劣錢距今百年，而千百中亦僅一二，仍均不多
舊者，其邊錢扁，其質劣，人情惟銅之見利，而舊錢毀之，形亦大可貴。

無分三點述國史の筆法蘇植韓歐[illegible]詩法[illegible][illegible]參看同恨陳[illegible]十

第一傳而錢物令則加印戳[illegible]而得不繪[illegible]九跡[illegible]此等可請

標見所易見之理揭穿了可以使人唯然失笑而驚時附以批

成[illegible]綫不[illegible]據而止知筆只好畫[illegible][illegible]知其故而因[illegible][illegible]之難筮

絕口不敢提及[illegible]此錢之價之百……筆之中間直是筆之[illegible]

鑄以供私銷[illegible]言真異是一件絕大的笑話[redacted]

[illegible]用銅而銅[illegible][illegible][illegible][redacted]

[illegible]有銅[illegible]大[illegible][illegible][illegible][illegible][illegible][illegible][redacted]

[illegible][illegible][illegible][illegible][illegible]錢[illegible]不[illegible][illegible][illegible][redacted]

[illegible][illegible][illegible][illegible][illegible][illegible]而收[illegible][illegible][illegible][redacted]

[redacted]雖多於行錢則

皆[redacted]法國中時户部侍郎王茂蔭疏論鈔法曾從……

多織收多而收少軍費且敉而無收貨有州縣且徵而無救誰有

商人運於其貨者不得賣于物此語可謂最西漢錢局行政

者之所自然流用於社會其物既流通於社會民自將以之爲用

而收即不成問題然後清時在上世(一)因便于運轉(二)及招致之

關且利可圖之故莫不利於收銀[redacted](0)

[redacted]則銀貨得自下而上[redacted]以運轉輸發雖亦稱錢而便大利

所在不同不[redacted]犧牲小利以就之萬已具言當時上下皆

以銀爲利而此形夜府敲逐了而用錢即用是以法之力而中能

經博何況其後法幣是其力的呢以此等情形本林府論加以引伸的

[redacted]明清兩朝的鑄錢置局之緣多蒙下問之如

其(一)鑄錢最足顯我不重一、、、、、則民德曉其所以賤

專材設錢其底付國貝之寶錢司格其常而不得發其局以鑄

年號於錢文者非明而世宗的明清兩朝所發本於屬明朝的盛

世宗不但銷鑄大嘉靖年號的錢如嘉靖錢洪武崇洪熙宣 二道 先年

德為錢的鑄法較則時候大錢之重量各局的鑄形式幣已

後不一月總的有各省局每局所鑄的錢相同、當地於增值

以資鑄則錢湖廣通的郵碼時宣鋼運錢於各路興置通

該局按鑄本是出於不得力過、何不因本郵及工部鑄費所

模使全國的錢的形式限于一律[redacted]不要任他參差不一了

書明

其（二）則在於政上大有損壞的力量 如東鄰之幣值便是 卌

之於銅政 鑄錢不能不用銅而銅在後世已不能政府專賣

於是私諸之於民間則有銅禁其多寡擾而力卒不能

勝乃又安其有名無實（ ） 開礦則流弊孔多清代嘗行開礦之

難於中國無礦之礙（ ） 不得不收之於民。

而收於民間者其銅亦極寡沸者（ ）乃不得不收買洋銅。

然而收買洋銅亦自有其難處 又運轉甚難滇銅亦多有其苦，難

諸口 於沈毀礙於稽因不守利的亦有其正館業的（ ）而運銅錢

入京尤難亦難相等 其不但不能禁絕私鑄並不免自行

私鑄局中克扣 而並鑄出私鑄陪少兩私（四）鑄遂先三十

以前張如此 安於此事擴年增至于滿盈則已不能力支述了

東十三 此外則

年的上諭，寶泉局所鑄之錢，即不如私鑄。嘉慶十七年的上諭，
則說有的錢局所鑄竟不及私鑄[redacted]了的。政府的力量
薄弱至此，尚何一再可為。其[illegible]
日益敗壞。
要之，錢的本身實不是保持上最大的弊病，是在於清時
付社會的情形上看，清代鑄錢不用銅，而政府不能因勢利導。[redacted]
當唐宋銅錢不足的時候，僅依順著自然的趨勢，運用紙[redacted]
那麼可無須乎用銀，然銀法業已[illegible]，而政府所能行者，[illegible]代銅錢
而[redacted]只識得沿襲前之言，以銀為錢[redacted]實不可以了　[illegible]
時候，政府即宜因勢利導，將銀改鑄[redacted]制。而當時的政府竟不

45

不知出此（之）用銀之外而但民間不便即有款亦必須[redacted]
則銷毀多數銅錢運往於安徽去指這樣去附模運到同等的
幣[redacted]而且因此[redacted]有在低錢銷鑄[redacted]之嫉[redacted]的籍大[redacted]
耗之及[redacted]有取於民上級衙門又以藉威勢的抄剝而取之於下
級至于民間自川用自不能出在府之重責而銷的成色重量又
非人人所能[redacted]辨法[redacted]不盡一般人即使自具辨識亦難得出
衆所承認[redacted]方稱乃擇于市儈之從事辨別銀錢的人評定
煩所謂有好銀錢於民作價[redacted]大高價之所謂有手辨價的人[redacted]取說
「每省所謂銀錢新制之對于銀錢時價即為之另外擇所謂有其舊不
多要勝之以為預備所謂而又取之[redacted]不限於此其他亦[redacted]所不少

謹奏為[redacted]一[redacted]錢局

設局所以安定人民擬制以此用以便人民經以用[redacted]銀　奏旨

而制方權不入於市價之平[redacted]可以流行所以貴賤相對審進行

鑄造錢制　舊銀每錠五十兩而當錢若干每年首所鑄乃以五一兩

至十兩仿制以少便民以便於鑄造其形狀輕重舉

每銅錢[redacted]圓內方輪郭周備之制而不能具為每是輕為最進

所以得行通于而大小操縱輕重通行流通幾千萬

其每年印造幾千萬圓之巨以期一律流行輕重無幾遠之

九年出奏准制銀圓以通流行

當月先納錢糧及商賈交易年一千二百[redacted]一七六九

二十三年出光緒五年出使大臣等紀準奏一一歷陳此國所行錢式

47

定數洛林什國之新鑄造大圓銀錢用之要義等處地方並撤之
之附且各國若願貴國家收受此錢通行天下並望海關衙門准
其收用等准美國之多種銀錢通行各處又他國等鑄之錢亦可收
用並請按照本國把陸除說海關收用一節查與中國不收稅課
徵收足銀之例不合亦與美國花旗等事即與西中國商民通行之
例不符似難照准外等形月的以因亦免說……再者商便往民
生一體應遵查於而是與錢好收擇自不必節苛捐之 [redacted] 同治三年七月
七一二上諭問之是什麼現象嘩然而
[redacted]閒錢虎作鑄銀錢說 述 陽戲本江時以依備一品
大西洋之西班牙國與顛平撒小亞洋之呂宋國好作文字之為
止此不而以為男夫

大呂宋乾嘉之時出國王像名曰洋錢流入中國最

廣，中國用者亦因之。後其國見微，且所鑄洋錢已換新式，佛頭錢少

於道光初年停鑄，於是中國洋錢全用舊式，而廣東有無樣爛用

之。見凡大街上閩商銀者出號，另立名目，共賢易換，以作而錢店誰

定。成樣少有更變，別樣起而代之，佛頭錢者至九種，名以抑勒之

價。至今圓洋錢更置紋銀之中，多者則以爭淨光入則甚

者有爛板荷錢之銀已入行，商賈輕視，民皆習然，莫究其由，而

使英其國即年來人重鑄新錢至錢店，不得為新板，而惟以舊

今閩省以收貨居其一利，其實則出國為最大之漏卮，極以

而今之商賈擅其利，權抑勒之雖流毒天下，非細故也。以實八成人民

49

八 林史西篇

洋錢

之需要者必此而始足以應用之輔佐需要[redacted]鑄造是所以之急

此[redacted]洋用代銀，林文忠鑄造銀錢於東南小省，鼓勵文章

以僅之宜其所也（頁八六五）用以發白洋一枚，洋銀八錢，著若之

守此由中國鑄貨（頁八六五）而出者何多矣，英、米各國直至光緒廿四年

時之同治兩廣總督張之洞試辦鑄銀圓，然仍為西國之通貨說先

鑄一百萬元，幾其時其流通情況，鑄造至一萬元，而其後名

此機械隨時停鑄，殊不易辭，即此亦必耗亦在此所可以領收實

八、（頁六七〇）政府的貨幣是如何的呢

行用銀幣而是定時之計，若論永久之計則屏信其幣制

當達而用紙，清朝以前幾代之弊是錢以除順治以前，八年

50

順治八年

趙宋年造十二萬八千一百七十二貫，至十八年而停。外此以迄
未有用鈔。[redacted]仁宗時財政困形支絀，侍讀學士蔡之定乃於嘉
慶十九年請行鈔法，當奉旨交部議知照。[redacted]文宗時軍需孔亟，加以
用工賞給年收可慮了。[redacted]請行鈔法，於乃財多，政府迫於再
可知行不得不藉此鈔法，其時於是鑄大錢與發鈔票並行之，而日
其法條於擇農業，其事不免細，述令頒行，其時之議以濟一時。
評補造鈔條論述當時之弊，議曰特造佳紙，禁民間買
用此紙，另印記，寡少精工，使人難於摹效，以千兆述摘色照
臣家至亮生有云：「其底取高麗用其寓鈔紙之近與耕領於中」
友私安鈔法，即係此等紙，其中而兩面闕緒有不出其紙院

51

可垂久遠而紙自不易其中平可作紙圍已得其方鑄錢亦
大小則紙亦隨之輕重小之鈔須令四面各寬其寸宋紙寬狹
之行使者改寬一寸以上又因高低錢幣之法究竟難不能於
其廣之中正文背見此為大要也[illegible]
[illegible]橫又述識其程大鈔則用畫者其華飾可驗其偽別偽[illegible]
且皆自有名也而其以一人而摹寫之[illegible]
玉部繪條識鈔法謂諸飾於數鈔而特派一二人[illegible]
實驗也於每鈔上暗設標識特為所設標識惟此一二人知之
仍立一標識於鈔每年之鈔標識都需如同雜謀其前以便
收來檢察其詳按年更換以杜欺則以上[illegible]

52

一面令各州縣轉飭經管庫收之人挂號正面之處注明年月日
△州縣收繳民間錢票隨時將原收之年月收自何人
或加圖記花字並將來偽錢不照用錢之人推究到底由來發局
追究偽造之人而杜弊源
而加謹慎
若無論如此小錢所行錢票於人熟不視為最要而將許多之
難說之已屢在蘇城局會審票匪民人多按該處查徵一案據
該呈出票紙將票號即信比對等待會同傳致憑當場查出
追問當時原告人指出即信商自其舊存查令其當堂指認
將其原票看持另行比照隨離即泥難確識上頭文粗細缺蝕均無不是
因干犯又說昔年在山左識同之題姓黏花翼揚告一票案情二

百千鋪莊祇理我檢千帀書莊俾勞止我檢千細擒棄上百字
無稍纖擾迹園記稅檢字蹤分豪不疑竟不欺詐為何靈初精莊
精奔與電計百千之要而出我檢千檢律科擒至再而其經露
真情云以收提出檢定後出百字擒提不行會出滿堂溪後後乃
持以自筆來而知筆內某某業我即將原業千字用法如一滿以
筆操況上下觀紙拚收隨洗隨收至自乃止此圓只行庫大而收
此此只以十收此作做之五至檢此山即用誤此亦只益大抵收有精
之病不在紅譜則在紅錯二冊俱無絕對之此可防並亦未問貨
歸之究不可用所以清[illegible]則錄時誤之以何錄為憑實何不記常
時錄法之不行自易見其所以然之故體積之巨而校讎費時己

出示 [redacted]阻核奏爲 三上覆奏另(?)批 [redacted]兄擬 55

弟垂說已見第

之難固也乃蒙 詢及種種隱論針此語足見細局與斷隱日一

如計之日大宗隱於數千種之換不定隱不准之一二千以計鈔數

局之人每有守候竟日不得之八此是商人稍從不善之隱形之

旗經戶部出示路爲接縫難識並據千字分日隱日驗於一字

擬商合爲辨似爲妥協頗屬穩且擬按所鑄錢日六百寫號並錄

如上六百字號令以隱日一字以一日第千五字一氣作對

一百以千字號計六百字第定應在二年零四个月於中百文字

等即日總之年中以應相三兩月隱日更多時此兩方流通庶未

免共訴也此外十八雜乃半成陰現查市上鈔票與錢無異而商民便

関此似可取錢之寶鈔准定有限本有貴重而人倚以為可取錢
用多不便者様准定有限之外又准取錢且必要之寶貴額皆即
已有餘當云形業時以供所似為大難然以後計之只怕向[illegible]来月
餘錢錢六萬餘當月餘貴十萬五大抵約餘十一萬貴六分和錢齊
百以上大錢月可得六十餘萬當省該年份萬民提十一萬則亦
似用此可積三十餘萬當即報年月為積五分之六令民以亦可積
三十餘萬者出而諭民申算以此以錢取錢似為無難取於民信
此此在要貴於宋質使相拆皆奏報之或信傳至十萬應而不封
給將在外之路此時之至以則為錢可取人望不敢取彼錢在家
業同此皆除見取錢者の取錢在現在家要取餉一較可為證似

若無當前一則以錢許取人而無以便取僅錢者各處難行未免而
卸於不肯用錢停止今軍餉除再取人亦需從徐還一次當時人
知錢不能通用不惟取此等銀多數十萬之錢亦實可
為用百姓當時即如何准則且知不肯買錢之後人以銀為即
出市之日而人以此為無害以銀平之價為何現則錢業皆能通行天下
通行無阻連要以錢業者宜私相授受但難通商私用通商如此
且銀可取人精於運者換取銀以行於市不知而為之時時其利
皆以銀此今既准以私錢之票交易者此後至今紹市以之商人承收
可惟有隨即惟准其已嚴目上計之尤以初年而樣而且當即
之則上此方可以不致以賤為先取勝而先取勝而先取重民而

既徵收錢糧必有銀價對穿將錢換為兩銀將銀錠[redacted]易錠以便
繳若令使商人持錢出與錢糧銀價準其先取欽銀則商人
之開錢使不得錢不得做錢鋪即可辭有於銀價亦所以兩頭擾
於商與國則於民初無所累而零收之與整兑亦可轉取而便於
今若於準多了收再加准兑取一層則納無累重然了有取錢即
然了於開兩不無取錢御史章縣衛可借端以增其奏[redacted]亦可
此議知其利於銀價了未必即照見也即照見而不免需索扣減
也然法以兑取則於取而費了即不於零取而亦費了夫今時錢
多阻而無異以而無異於者一然則則一大之錢鋪通融處則
則難處了錢鋪通現在商人合業之處皆收換此可以得銀頭了

前年紳士中凡商人之來此者傳詢而極稱諸銀使銀庫日隨地兑現則無紳士銀可以少用而銀亦可得來此不至窮苦用之一切實舉其中最要者遊此論例如鈔幣通大概當時行銷之要一在可以兑現一在其數不獨而不宜舊行小銷之行既久信用既立之後自可不必兑現而由法律[redacted]強以價值若初行時則必依附兑錢而後其價值可立此自無可以為之者[redacted]非後行時學曉若行銷之以銀錢為準備而當時之人皆能以兑換行銷所持以立信之於初在家抵支一一實則民自接收之一皆由此信用[redacted]初行時不得付之不當時移紙幣之外並鑄大錢之錢之也錢圓舊系以前其充時舊實直接紙幣出行用矣

59

（此亦唐(?)時之事(?) 此(?)本在前(?)）
至唐(?)中(?)葉時高祖(?)已以小錢十當(?)万(?)大錢之議[redacted]而（後(?)此(?)錢(?)無(?)徵(?)）
[redacted]于(?)是時以郎嘉植(?)[redacted]啟(?)[redacted]以銀錢代紙錢[redacted]錢(?)時(?)發(?)種(?)（[illegible]）
以大錢之5小錢五易(?)則[redacted]行用（大(?)錢(?)之(?)）[redacted]之[redacted]必可充其鈔本而
充准備之小錢即可更藏當時當鈔之數無不多此之之准備
金尚且不能蓄積有何必再議鑄(?)錢(?)而[redacted]可作(?)鑄(?)則宣布行鈔（則大見此之談）
[redacted]且(?)既(?)通(?)用(?)至(?)茂(?)隆(?)世[redacted]尚能鑄(?)[illegible]之後且行了以出錢者[redacted]
費錢甚多而計較(?)稍(?)此等凡顧為利以之換(?)舟(?)錢(?)之為字文(?)[illegible]
明(?)得(?)值不宜[redacted]大小頗雜同錢一千者(?)某(?)值(?)由[redacted]來也（四年(?)注(?)）
今(?)錢(?)所(?)宜(?)程(?)其(?)超錢幣既從此勢即不宜再鑄當千大錢而廢（幾(?)）
鑄(?)幣(?)不(?)當(?)五(?)千(?)當(?)十當(?)三(?)五(?)陸(?)[redacted]當(?)五(?)十當(?)五(?)[redacted]亦(?)換(?)大小錢(?)呈(?)（共若(?)五百(?)）
之出此亦不為不多共通以之數(?)貴(?)賤(?)錢(?)固(?)即可不再與(?)制(?)否(?)已動(?)（錢(?)價(?)）
不知其大者古代之行用者[redacted]

[redacted]

[redacted]大抵錢法之關係，實在於民生之時，則國家經費且除可以

從容籌措，則政府力量較為充足，至政策既定，亦易於措手。歷代

承平之時，政府無不注意改革，一切因循，往往到衰亂之時，則專

思借以籌款，一切苟簡之謀，求[redacted]

置諸不顧，此實為歷朝幣制壞亂一大原因。清朝咸豐時行鈔

請以大錢，所以必敗者，亦由於此。至以社會情形論之，則大可以行

鈔實對外不宜，所以時人之論，通於各國者，無論何[illegible]18[illegible]

[redacted]免於延滯而失，而大論新法可行之理則

多路通而且據貴對吳嘉讀所擬上之銀錢並用議，其人則作者

61

要由人民用洋錢銅錢，便民間自用而已，至以此幣制以銀銅
為本位，銅錢為補助貨幣，則幣已立，政府發行國幣，利益多歸
銀圓，而以銅幣為主程，而以銅錢為其補助[redacted]則幣制當無一
之[redacted]幣已立，則[redacted]（未年）議論幣制時，紛[redacted]紛，本國之內，亦當之，而（只要國家能世界情形相商通，座而說清）
政府總可知，由此之文可見，政治家所處之環境了
[redacted]清楚本身政府國內外的情勢（因勢利導）之措施，於國計民生
到（政）這時候，若說任何良好可笑，其在言之時候，政府所當措意者有
二：一為內國貨幣統一，本位不立，實于程程的問題，一則海關兩
內國內國外的經濟，為生密切的聯繫，一國的議定幣制，不能不
顧到世界上經濟的問題

62

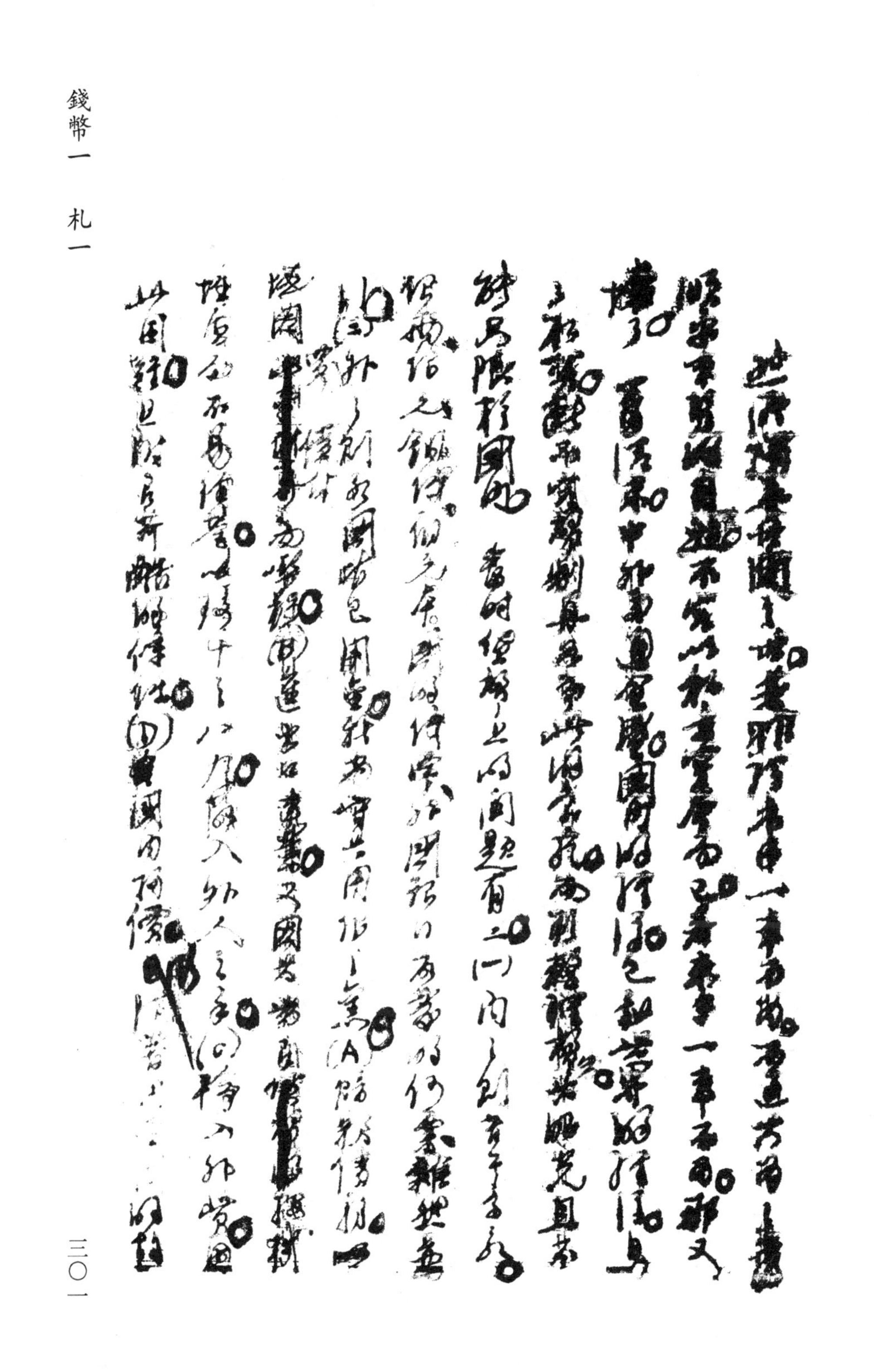

[illegible]

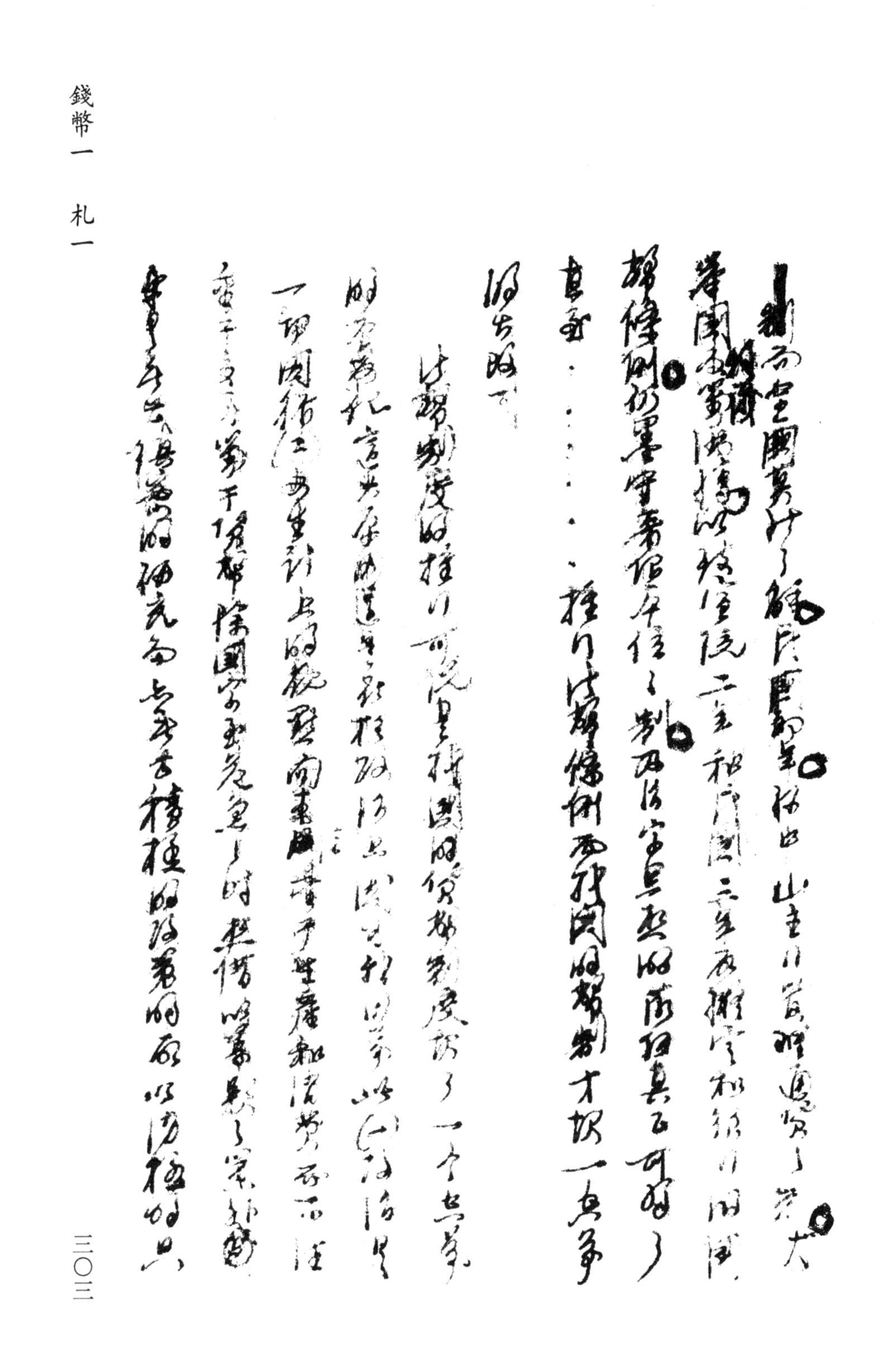

[illegible]

見稽古書傳之形容禮樂所及有加以揣摩而已真料比類
極多可可證明此狀（以上疑）伏完的情形而無人可以比擬考定
記述上溯一千餘年動南國早之至於經籍上為今日一切
事故可說形而不及此其實史跡所寄的一個學者

0520
甲500

橫　遠

頃誦錢利弊論辨精詳，讀蒙垂注之至

弟見安著以上月為郡議

附呈下

近擬將本用錢不廣之議

前覺國家制錢祇是用於權衡，計十文一一一錢，當八錢四，以其

防在私鑄也，行於閩廣而粵之各省少有行者，依然用銀之處

雖以廿兩權之，一由閩廣行至內地，天下亦雜之，事不易而推及天

下，核其之損益利害，事可以示之，宜盡詳細，即乞賜示，宜八

近若將之何，請示知

[illegible]弟此頌時祺之安

38 一二 黄老中六書之通例 防古物書时情形

39 古字證傳注疏中語

40 可付白文者十三兩已可于其法成則一律可也一律の分

於其中全據疏語以存箇中件月廿裁辭其所已 子不清

或別注疏所傳注亦不可擇其中形傷標出 以為故其存

疏證者——日函改錄の九九六字此已為語大約以證信

於稽別落據改傳之 所釋傳天地初作注 [illegible]

個人所集之白錄時得別錄也 據其材 上海店標音附 [illegible]

每書傳別白本書不分 黄個紙個之標舊野出

卌 注釋之據其本傳及之云材傳——另子集序一九六八〇〇

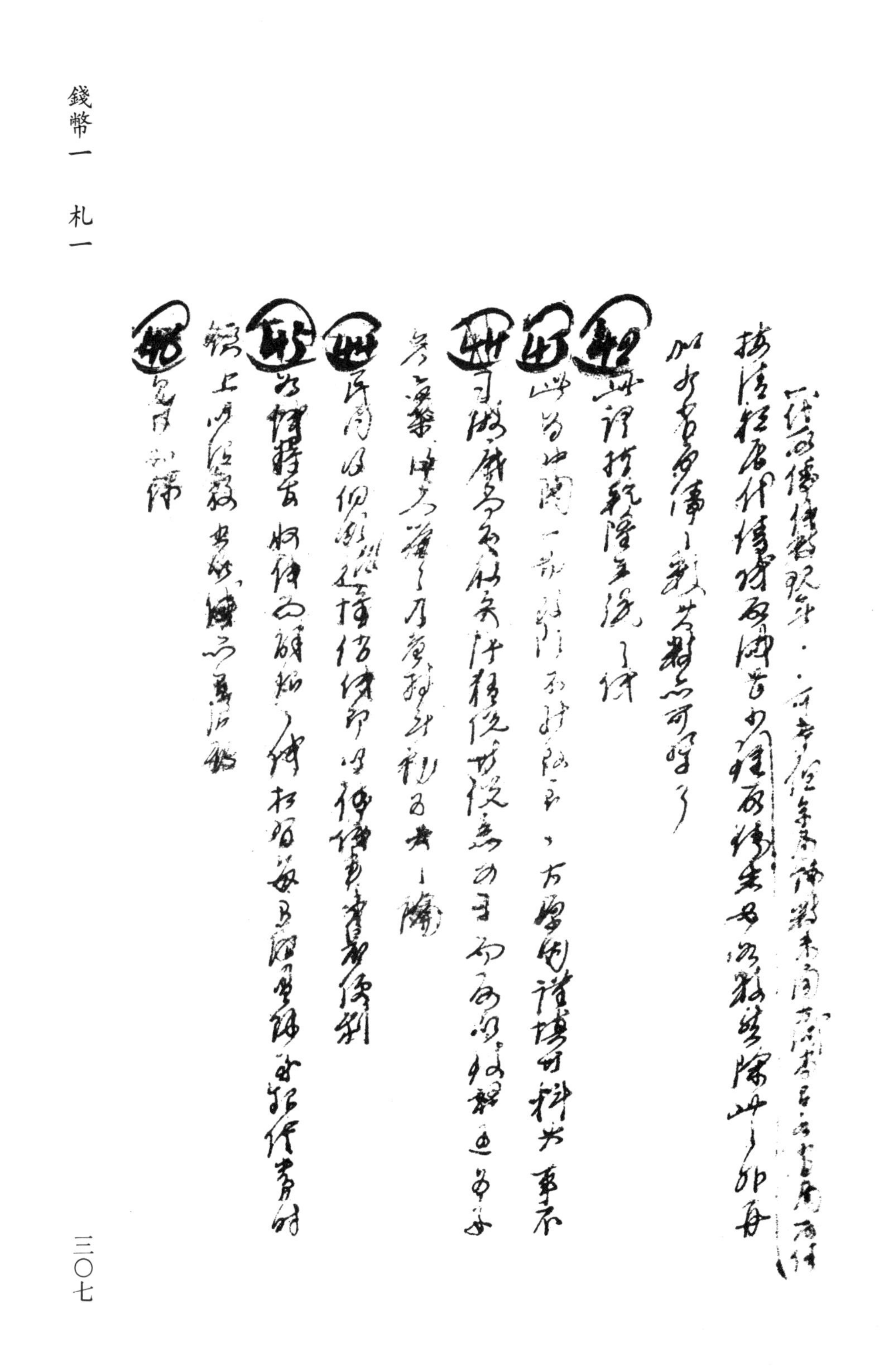

[illegible]

（紀）南齊十八 劉係宗傳 係宗從孫即謂傳者呂文顯 顯曰

（經）[illegible] 蕭傳傳之赵作越同蔡景先見南

詳略雖同 [illegible] 之言宜連同書用紀圖旁入選八

（地）[illegible] 隸書地到投筆雜卷簡書 [illegible] 作民所投衛量之器為之衡量

謂日隋同書第 [illegible]

不詳所知附十人之所以 所稱利 [illegible]

（知）[illegible] 十 而為元稿 三兩 [illegible] 之中 錢見清之 [illegible]

引 傳都亭之

經 傳都亭一

引 佳材 [illegible] 之材 [illegible] 者三

（地）清陳書 [illegible] 大 [illegible] 通 [illegible] 太

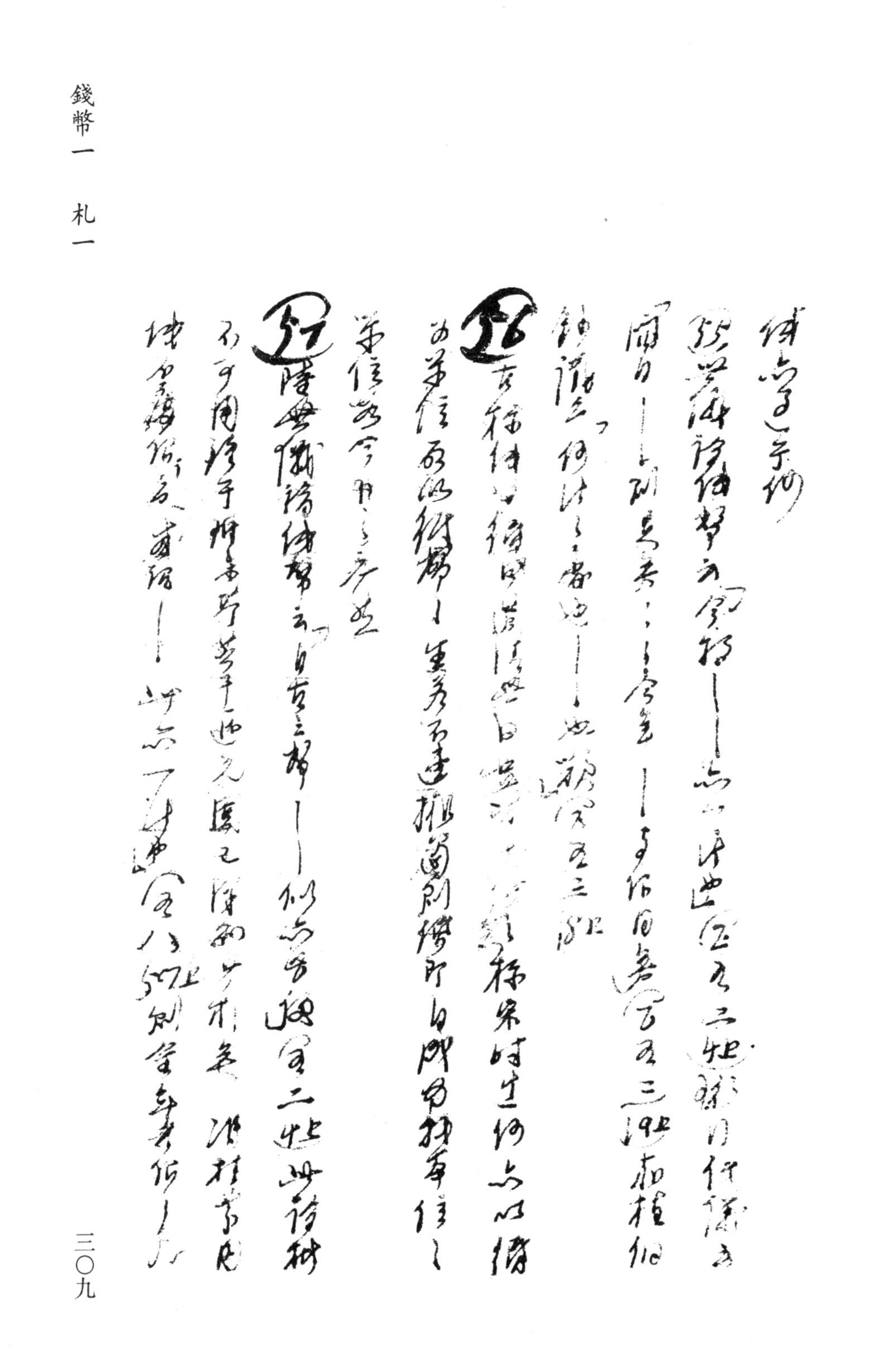

[illegible]

矣。

[illegible]

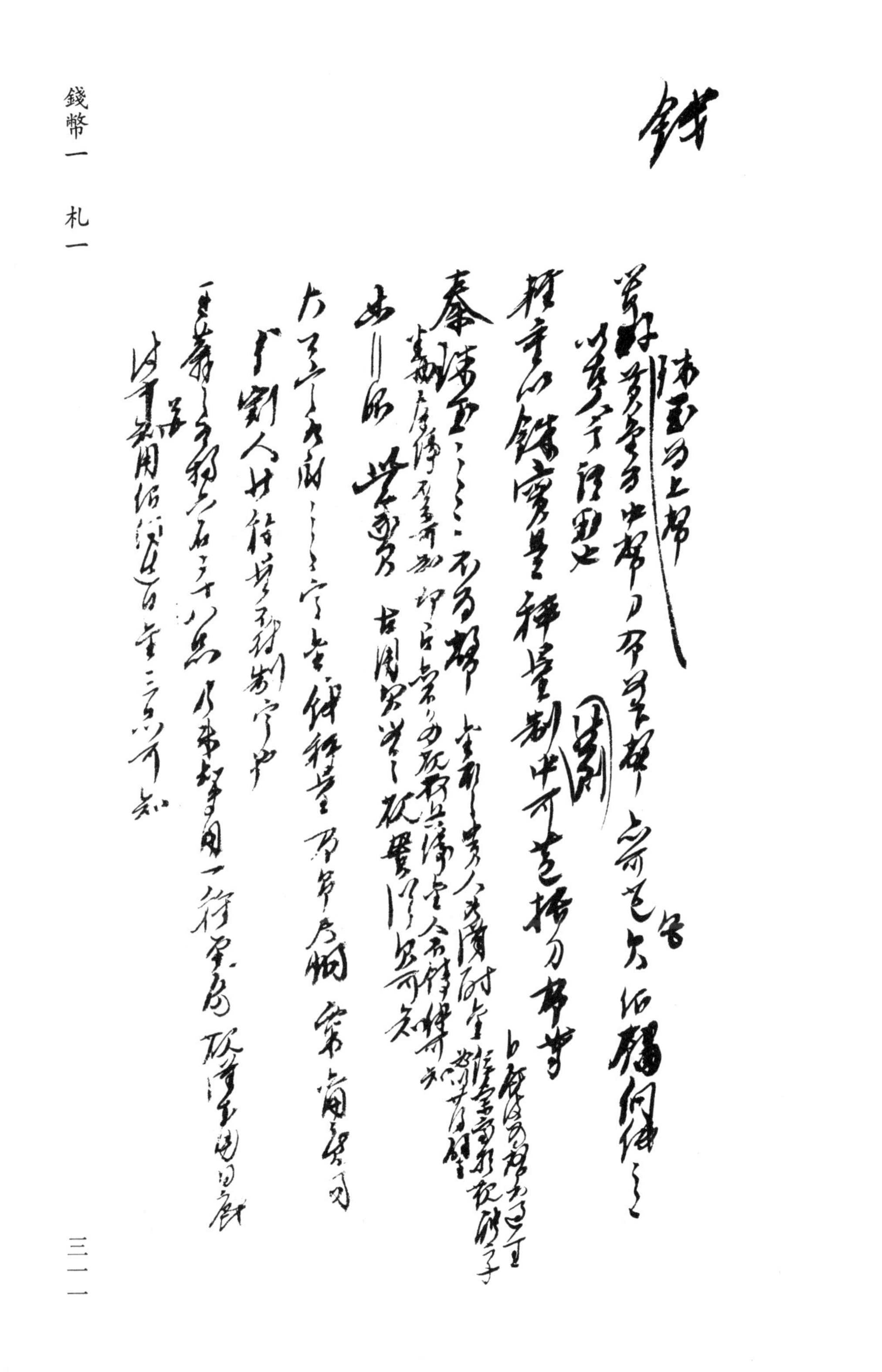

錢

一匯兌

[redacted]唐書食貨志又說

京兆尹裴武請禁商賈飛錢，廋索諸坊，十人為保（見四頁）。又說

自京師禁飛錢，家有滯藏，物價寖輕。判度支盧坦、兵部尚書判戶

部事王紹、鹽鐵使王播請許商人於戶部、度支、鹽鐵三司飛錢，每

千錢增給百錢（一），然商人無至者。復許與商人敵貫而易之，然錢

重以輕為故（但）當時久以錢少而出權便辦法推行飛錢，即所謂

和[redacted]然鄉之縣量錢之專甚於貨幣為便利而具當時交家

如此，與唐實之手錢及實物流通於一時，而未能推廣之則

唐朝政府無故而禁止飛錢，以來不顧人民自行的行為，遂使其遭遇而行
這真亦可謂最不幸之事了

宋時當地之中即可以看出貨幣由此漸進而發展至其時首據之
其地域，則政形成全國通行的紙幣，大利可謂不可勝言，即於宋
時形成紙幣了，時亦必可看出一部分現存的貨幣，禁飛錢而京
師家有諸藏，可見飛錢在以前上的錢幣僅便善而推廣則貿物
的價值亦可看出一部分真是莫大之利。然[redacted]宋太祖
取飛錢的事，於京師置便錢務，令商人入錢者於諸州務給，共[redacted]以
入之錢至道末[redacted]一百七十餘萬貫，天禧末增二十三萬
緡，共百萬二百萬緡[redacted]此于系即為其地方貿易了額之實增十
一了於千百萬[redacted]為地方形成錢例，不[redacted]於系即為謂
於商證貨多數益多……

26

錢

趙逵奏鑄者皆人以錢鐵重輕，貴者力易折，以便以錢易[illegible]
人十六戶主之，大率富人積聚不行，僕所象業私鑄起，寇瑊嘗守
蜀，先禁交子，薛田為轉運使，議廢交子則貿易不便，請官為置務，
禁民私造。詔從其議，置益州交子務，以榷其出入。宋史薛田傳說。田自請為
若谷及寇瑊守益州，奏廢民若僑寓人使之負擔者。又說真宗時
張詠鎮蜀，患蜀人鐵錢重，不便貿易，設質劑之法，一交一緡，以三
年為一界而換之，六十五年為二十二界，謂之交子，富民十六戶
主之。三說互歧，未知孰是。熙寧以千[redacted]為一[redacted]，至宋為一界，則繼
是半貫一交，為一緡則為數較小，人可以備用；以三年為一界，
則為時較長，所以改為兩界同時行使，以便兌換，亦甚可證之鐵幣了。[redacted]（近人
（一）付用在銅錢而[redacted]僅較高，同樣歷代付存自己了。[redacted]金銀[redacted]是很大

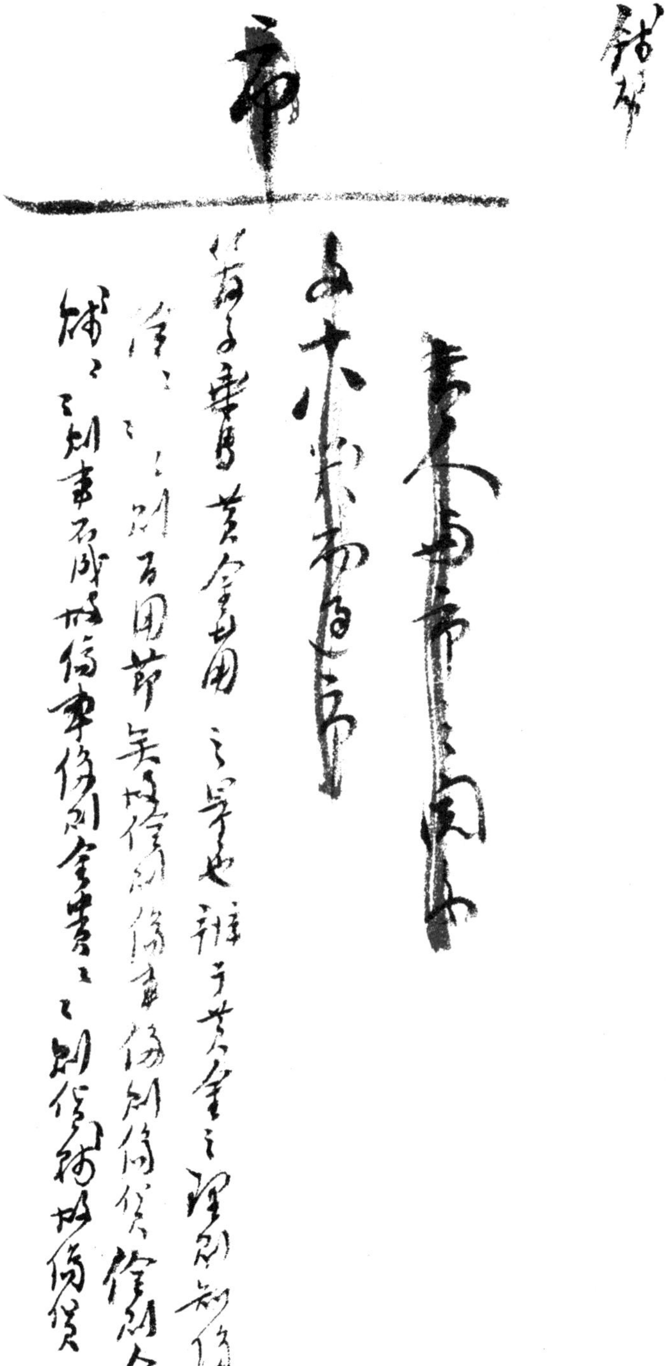

○宋人或得玉獻諸子罕子罕弗受獻玉者曰以示玉人玉人能治玉者玉人以爲寶也故敢獻之子罕曰我以不貪爲寶爾以玉爲寶若以與我皆喪寶也不若人有其寶疏不若有其寶○正義曰我得不貪女得其玉是我女二人各有其寶稽首而告曰小人懷璧不可以越鄉言必爲盜所害○喪息浪反納此以請死也請免死子罕寘諸其里使玉人爲之攻之攻治也富而後使復其所賣玉得富○十二月鄭人奪堵狗之妻而歸諸范氏堵狗堵女父之族狗娶於晉范氏鄭人既誅女父畏狗因范氏而作亂故奪其妻歸范氏先絕之傳言鄭之有謀○堵音者狗本或作苟娶七住反

襄十五

錢幣

抄謹　十八日上

至呈底稿和錢樹傳王水年之共荆寶之

包——寶誠堂

孫——孫思賢

金——陳無競

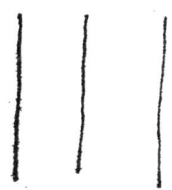

金

論八宗

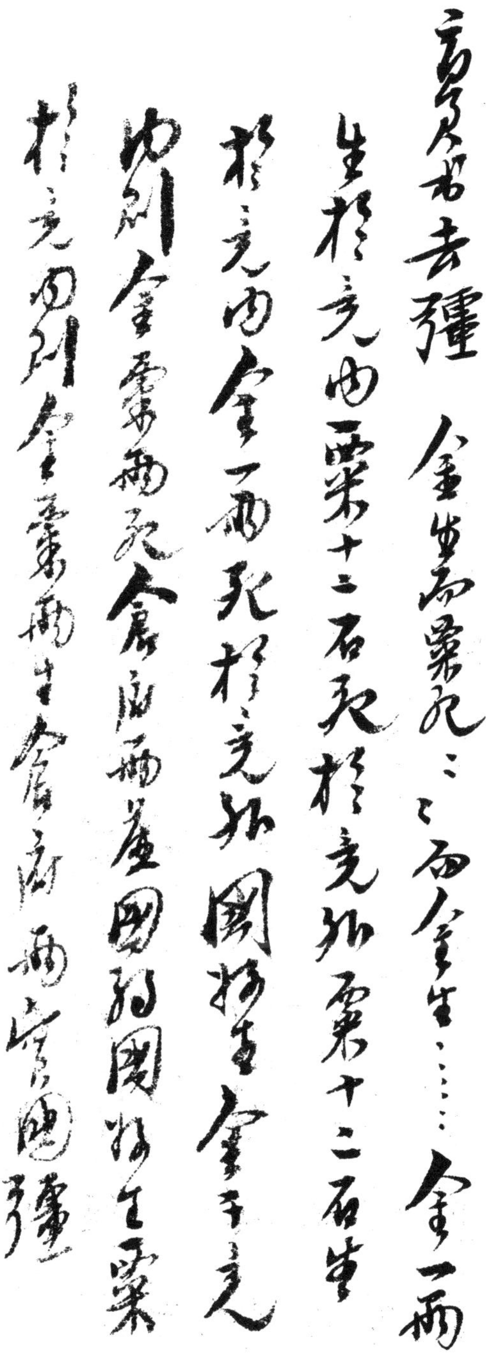

附釋音禮記注疏卷第八

檀弓上

禮記　鄭氏注　孔穎達疏

子柳之母死子碩請具具葬之器用子柳魯叔仲皮之子子碩兄○碩音石子柳曰何以哉言無其財子碩曰請粥庶弟之母粥謂嫁之也妾賤取之曰買○鬻本又作粥音育賣也注同子柳曰如之何其粥人之母以葬其母也不可忠恕既葬子碩欲以賻布之餘具祭器古者謂錢爲泉布所以通布貨財子柳曰不可吾聞之也君子不家於喪惡因死者以爲利○惡烏路反請班諸兄弟之貧者以分死者所矜也禄多則與鄰里鄉黨

疏○子柳至貧者○正義曰此一節論不粥人之母及因死爲利之事各依文解之○注子柳至碩兄正義曰案下檀弓云叔仲皮學子柳故知子柳是叔仲皮之子知子碩兄者以此云子碩曰請粥庶弟之母故知子碩兄也○注古者至貨財○正義曰解布名也言古者謂錢爲泉布所以然者言其通流有如水泉而徧布貨買天下貨財也而鄭注周禮云藏曰泉其行曰布取名於水泉其流行無不徧也鄭又云泉始蓋一品周景王鑄大泉而有二品後數變易不復識本制至漢唯有五銖久行案鄭此者云五銖者其重五銖凡十黍爲一絫十絫爲一銖二十四銖爲一兩故錢邊作五銖字也鄭又云王莽改貨而異作泉布多至十品今存於民間多者有貨布大泉貨泉貨布長二寸五分廣寸首長八分有奇廣八分其圜好徑二分半足枝長八分其右文曰貨左文曰布重二十五銖直貨泉二十五大泉徑一寸二分重十二銖文曰大泉直十五貨泉貨泉徑一寸重五銖右文曰貨左曰泉直一也案食貨志云今世謂之笮錢是也邊猶爲貨泉之字大泉即今大四文錢也四邊並有文也貨布之形今世難識世人或耕地猶有得者古時一箇準二十五錢也然古又有刀刀有二種一是契刀一是錯刀也契刀直五百錯刀直一千契刀無縷而錯刀用金縷之刀形如錢而邊作刀字形也故世猶呼錢爲錢刀也○

金

孟嘗君列傳

久之文承間問其父嬰曰子之子爲何曰爲孫孫之孫爲
何曰爲玄孫玄孫之孫爲何曰不能知也【索隱】爾雅云玄孫之子爲來來孫之子爲昆昆孫之子爲仍仍孫之子爲雲又有耳孫亦是玄孫之子不同也文曰君用事相齊至今
三王矣齊不加廣而君私家富累萬金門下不見一賢者文聞將門必有將相門必有相今君後宮蹈綺縠而士不得短
褐【索隱】裋音豎豎褐謂褐衣而豎裁之以其省而便事也僕妾餘粱肉而士不厭糟糠今君又尚厚積餘藏欲以遺所不知何人【索隱】遺音惟季反猶言不知欲遺與
何人也而忘公家之事日損文竊怪之又

來見木偶人與土偶人相與語【索隱】偶音遇謂以土木爲之偶類於人也蘇代以土偶比涇陽君木偶比孟嘗君木偶人曰天雨子將敗矣土偶人曰我生於土敗
則歸土今天雨流子而行未知所止息也今秦虎狼之國也而君欲往如有不得還君得無爲土偶人所笑乎孟嘗君乃止
齊湣王二十五年復卒使孟嘗君入秦昭王即以孟嘗君爲秦相人或說秦昭王曰孟嘗君賢而又齊族也今相秦必先齊
而後秦秦其危矣於是秦昭王乃止囚孟嘗君謀欲殺之孟嘗君使人抵昭王幸姬求解【索隱】抵音丁禮反按抵謂觸冒而求之也幸姬曰妾願
得君狐白裘【集解】韋昭曰以狐之白毛爲裘謂集狐腋之毛言美而難得者此時孟嘗君有一狐白裘直千金天下無雙入秦獻之昭王更無他裘孟嘗君
患之徧問客莫能對最下坐有能爲狗盜者曰臣能得狐白裘乃夜爲狗以入秦宮藏中【正義】藏[illegible]取所獻狐白裘至以獻秦

信陵君列傳

一篇圖七卷【索隱】公子所得進兵法而必稱其名以言其恕也秦王患之乃行金萬斤於魏求晉鄙客令毁公子於魏王曰公子亡在外十年矣今爲魏
將諸侯將皆屬諸侯徒聞魏公子不聞魏王公子亦欲因此時定南面而王諸侯畏公子之威方欲共立之秦數使反間
僞賀公子得立爲魏王未也魏王日聞其毁不能不信後果使人代公子將公子自知再以毁廢乃謝病不朝與賓客爲
長夜飲飲醇酒多近婦女日夜爲樂飲者四歲竟病酒而卒其歲魏安釐王亦薨秦聞公子死使蒙驁攻魏拔二十城初

范睢蔡澤列傳「齊襄王聞睢辯口乃使人賜睢金十斤及牛酒」

6

價格

百金之士

日

史記廉頗藺相如傳「於是乃具選車千三百乘，選騎得萬三千匹，百金之士五萬人，彀者十萬人」

集解「管子曰：能破敵擒將者賞百金」

珍寶

史記卷八十一

廉頗藺相如列傳第二十一

廉頗者趙之良將也趙惠文王十六年廉頗爲趙將伐齊大破之取晉陽【索隱】陽晉衛地後屬齊今趙取之司馬彪郡國志曰今衛國陽晉城是也有本作晉陽非也晉陽在太原雖亦趙地非齊所取也【正義】故城在曹州乘氏縣西北四十七里拜爲上卿以勇氣聞於諸侯藺相如者趙人也爲趙宦者令繆賢舍人趙惠文王時得楚和氏璧秦昭王聞之使人遺趙王書願以十五城請易璧趙王與大將軍廉頗諸大臣謀欲予秦秦城恐不可得徒見欺欲勿予即患秦兵之來計未定求人可使報秦者未得宦者令繆賢曰臣舍人藺相如可使王問何以知之對曰臣嘗有罪竊計欲亡走燕臣舍人相如止臣曰君何以知燕王臣語曰臣嘗從大王與燕王會境上燕王私握臣手曰願結友以此知之故欲往相如謂臣曰夫趙彊而燕弱而君幸於趙王故燕王欲結於君今君乃亡趙走燕燕畏趙其勢必不敢留君而束君歸趙矣君不如肉袒伏斧質請罪則幸得脫矣臣從其計大王亦幸赦臣臣竊以爲其人勇士有智謀宜可使於是王召見問藺相如曰秦王以十五城請易寡人之璧可予不相如曰秦彊而趙弱不可不許王曰取吾璧不予我城奈何相如曰秦以城求璧而趙不許曲在趙趙予璧而秦不予趙城曲在秦均之二策寧許以負秦曲王曰誰可使者相如曰王必無人臣願奉璧往使城入趙而璧留秦城不入臣請完璧歸趙趙王於是遂遣相如奉璧西入秦秦王坐章臺見相如相如奉璧奏秦王秦王大喜傳以示美人及左右左右皆呼萬歲相如視秦王無意償趙城乃前曰璧有瑕請指示王王授璧相如因持璧卻立倚柱怒髮上衝冠謂秦王曰大王欲得璧使人發書至趙王趙王悉召羣臣議皆曰秦貪負其彊以空言求璧償城恐不可得議不欲予秦璧臣以爲布衣之交尚不相欺況大國乎且以一璧之故逆彊秦之驩不可於是趙王乃齋戒五日使臣奉璧拜送書於庭何者嚴大國之威以脩敬也今臣至大王見臣列觀禮節甚倨得璧傳之美人以戲弄臣臣觀大王無意償趙王城邑故臣復取璧大王必欲急臣臣頭今與璧俱碎於柱矣相如持其璧睨柱欲以擊柱秦王恐其破璧乃辭謝固請召有司案圖指從此以往十五都予趙相如度秦王特以詐佯爲予趙城實不可得乃謂秦王曰和氏璧天下所共傳寶也趙王恐不敢不獻趙王送璧時齋戒五日今大王亦宜齋戒五日設九賓於廷【集解】韋昭曰九賓則周禮九儀【索隱】周禮大行人別九賓謂九服之賓客也列士傳云設九牢也【正義】劉伯莊云九賓者周王備之禮天子臨軒九服同會秦趙何得九賓但亦陳設車輅文物耳臣乃敢上璧

秦王度之終不可彊奪遂許齋五日舍相如廣成傳舍〔索隱〕廣成是傳舍之名傳音張戀反相如度秦王雖齋決負約不償城乃使其從者衣褐懷其璧從徑道亡歸璧于趙秦王齋五日後乃設九賓禮於庭引趙使者藺相如相如至謂秦王曰秦自繆公以來二十餘君未嘗有堅明約束者也臣誠恐見欺於王而負趙故令人持璧歸間至趙矣且秦彊而趙弱大王遣一介之使至趙趙立奉璧來今以秦之彊而先割十五都予趙趙豈敢留璧而得罪於大王乎臣知欺大王之罪當誅臣請就湯鑊唯大王與羣臣孰計議之秦王與羣臣相視而嘻〔索隱〕音希嘻乃驚而怒之辭也左右或欲引相如去秦王因曰今殺相如終不能得璧也而絕秦趙之驩不如因而厚遇之使歸趙趙王豈以一璧之故欺秦邪卒廷見相如畢禮而歸之相如既歸趙王以爲賢大夫使不辱於諸侯拜相如爲上大夫秦亦不以城予趙趙亦終不予秦璧

父之讐我將歸死尚既就執使者捕伍胥伍胥貫【集解】駰案烏還反弓執矢嚮使者【索隱】劉氏貫音彎又音古患反謂滿張弓使者不敢進伍胥遂亡聞太子建之在宋往從之奢聞子胥之亡也曰楚國君臣且苦兵矣伍尚至楚楚并殺奢與尚也伍胥既至宋宋有華氏之亂【索隱】春秋昭二十年宋華亥向寧華定與君爭而出奔是也乃與太子建俱奔於鄭鄭人甚善之太子建又適晉晉頃公曰太子既善鄭鄭信太子太子能為我內應而我攻其外滅鄭必矣滅鄭而封太子太子乃還鄭事未會會自私欲殺其從者從者知其謀乃告之於鄭鄭定公與子產誅殺太子建建有子名勝伍胥懼乃與勝俱奔吳到昭關【索隱】其關在江西乃吳楚之境昭關欲執之伍胥遂與勝獨身步走幾不得脫追者在後至江江上有一漁父乘船知伍胥之急乃渡伍胥伍胥既渡解其劍曰此劍直百金以與父父曰楚國之法得伍胥者賜粟五萬石爵執珪豈徒百金劍邪不受伍胥未至吳而疾止中道乞食【集解】張勃曰子胥乞食處在丹

伍子胥列傳

金

令既具未布恐民之不信已乃立三丈之木於國都市南門募民有能徙置北門者予十金民怪之莫敢徙復曰能徙者予五十金有一人徙之輒予五十金以明不欺卒下令令行於民朞年秦民之國都言初令之不便者以千數（索隱）謂鞅新變之法令爲初令也　於是太子犯法衛鞅曰法之不行自上犯之將法太子太子君嗣也不可施刑刑其傅公子虔黥其師公孫賈明日秦人皆趨令（索隱）趨音七踰反趨者向也附也　行之十年秦民大說道不拾

史記商君列傳

仲尼弟子列傳子貢……家累千金

金

齊王惑於秦楚之毁以爲孟嘗君名高其主而擅齊國之權遂廢孟嘗君諸客見孟嘗君廢皆去馮驩曰借臣車一乘可以入秦者必令君重於國而奉邑益廣可乎孟嘗君乃約車幣而遣之馮驩乃西說秦王曰天下之游士馮軾結靷西入秦者無不欲彊秦而弱齊馮軾結靷東入齊者無不欲彊齊而弱秦此雄雌之國也勢不兩立爲雄雄者得天下矣秦王跽而問之曰何以使秦無爲雌而可馮驩曰王亦知齊之廢孟嘗君乎秦王曰聞之馮驩曰使齊重於天下者孟嘗君也今齊王以毁廢之其心怨必背齊背齊入秦則齊國之情人事之誠盡委之秦齊地可得也豈直爲雄也君急使使載幣陰迎孟嘗君不可失時也如有齊覺悟復用孟嘗君則雌雄之所在未可知也秦王大悅乃遣車十乘黄金百鎰以迎孟嘗君馮驩辭以先行至齊說齊王曰天下之游士馮軾結靷東入齊者無不欲彊齊而弱秦者馮軾結靷西入秦者無不欲彊秦而弱齊者夫秦齊雄雌之國秦彊則齊弱矣此勢不兩雄今臣竊聞秦遣使車十乘載黄金百鎰以迎孟嘗君孟嘗君不西則已西入相秦則天下歸之秦爲雄而齊爲雌雌則臨淄即墨危矣王何不先秦使之未到復孟嘗君而益與之邑以謝之孟嘗君必喜而受之秦雖彊國豈可以請人相而迎之哉折秦之謀而絶其霸彊之畧齊王曰善乃使人至境候秦使秦使車適入齊境使還馳告之王召孟嘗君而復其相位而與其故邑之地又益以千戸秦之使者聞孟嘗君復相齊還車而去矣

孟嘗君列傳

虞卿者游說之士也躡蹻擔簦【集解】徐廣曰蹻草履也簦長柄笠音登笠有柄者謂之簦【索隱】蹻音脚說趙孝成王一見賜黄金百鎰白璧一雙再見爲趙上卿故號爲虞卿【集解】譙周曰食邑於虞【索隱】□□□中人陽縣今之虞鄉縣是也秦趙戰於長平趙不勝亡一都尉趙王召樓昌與虞卿曰軍戰不

平原君虞卿列傳

泉幣

又 史記燕世家[illegible]百金[illegible]

共[illegible]

今王喜四年秦昭王卒燕王命相栗腹約歡趙以五百金爲趙王酒還報燕王曰趙王壯者皆死長平其孤未壯可伐也王召昌國君樂間問之對曰趙四戰之國（正義）趙東鄰燕西接秦境南錯韓魏北連胡貊故言四戰其民習兵不可伐王曰吾以五而伐一（索隱）謂以五人而伐一人對曰不可燕王怒羣臣皆以爲可卒起二軍車二千乘栗腹將而攻鄗（集解）徐廣曰在常山今曰高邑（索隱）鄗氏音火角反一音昊卿秦攻代（正義）今代州也唯獨大夫將渠謂燕王曰（索隱）人名姓也一云上卿秦及此將渠皆卿將官秦渠其名也國史變文而書遂失姓爾戰國策云慶秦慶是姓也卿其官耳與人通關約交以五百金飲人之王使者報而反攻之不祥兵無成功燕王不聽自將偏軍隨之將渠引燕王綬止之曰王必無自往往無成功王躄之以足將渠泣曰臣非以自爲爲王也燕軍至宋子（集解）徐廣曰屬鉅鹿趙使廉頗將擊破栗腹於鄗破卿秦樂乘於代（索隱）戰國策曰廉頗以二十萬遇栗腹於鄗樂乘以五萬遇慶秦於代燕人大敗與此不同樂間奔趙廉頗逐之五百餘里圍其國燕人請和趙人不許必令將渠處和燕相將渠以處和（集解）以將渠爲相（索隱）謂欲令將渠處之使和也趙聽將渠解燕圍六年秦滅東西周置三川郡七年秦拔趙榆次

金

趙勝受地告馮亭曰敝國使者臣勝敝國君使勝致命以萬戶都三封太守【正義】爾時未合言太守至漢景帝始加太守此言太衍字也千戶都三
封縣令皆世世爲侯吏民皆益爵三級吏民能相安皆賜之六金馮亭垂涕不見使者曰吾不處三不義也爲主守地不
能死固不義一矣入之秦不聽主令不義二矣賣主地而食之不義三矣趙遂發兵取上黨【集解】駰案漢書馮奉世傳曰趙封馮亭爲華陵君與趙將
括距秦戰死於長平宗族由是分散或在趙在趙者爲官帥將官帥將子爲代相及秦滅六國而馮亭之後馮毋擇馮去疾馮劫皆爲秦將相焉漢興馮唐即代相之子也上黨記云馮亭冢在壺關城西五里廉頗將軍軍長
平【正義】括地志云長平故城在澤州高平縣西二十一里即白起敗趙括於長平處七年廉頗免而趙括代將秦人圍趙括趙括以軍降卒四十餘萬皆阬之王悔
不聽趙豹之計故有長平之禍焉王還不聽秦秦圍邯鄲【集解】徐廣曰在九年武垣令【集解】徐廣曰河間有武垣縣本屬涿郡【正義】括地志云武垣故城今瀛州城是也傅
豹王容蘇射率燕衆反燕地【正義】武垣此時屬趙與燕接境故云率燕衆反燕地也趙以靈邱【正義】括地志云靈邱蔚州理縣也封楚相春申君八年平原君如楚
請救還楚來救及魏公子無忌亦來救【正義】魏公子傳云趙王以鄗爲公子湯沐邑年表云九年公子無忌救邯鄲圍在九年其文錯誤耳秦圍邯鄲乃解十年燕攻昌壯
【集解】徐廣曰一作城【正義】壯字誤當作城括地志云昌城故城在冀州信都縣西北五里此時屬趙故攻之也五月拔之趙將樂乘慶舍攻秦信梁軍破之【集解】徐廣曰年表信云新中軍也【索隱】梁
秦將也【正義】信梁蓋古戲號也秦本紀云昭襄王五十年王齕從唐拔寧新中寧新中更名安陽今相州理縣也年表云韓魏楚救趙新中軍秦兵罷是也太子死【集解】徐廣曰是年周赧王卒或者太子云天子乎【索隱】趙太子也史
失名而秦攻西周拔之徙父祺出【索隱】徙父趙大夫名祺十一年城元氏【集解】地理志常山有元氏縣【正義】元氏趙州縣縣上原武陽君鄭安平死【集解】徐廣曰故秦將
降趙也收其地十二年邯鄲廥燒【集解】徐廣曰廥廄之名音膾也【索隱】廥積芻藁之處爲火所燒也十四年平原君趙勝死【索隱】年表在十五年十五年以尉文封
相國廉頗爲信平君【索隱】尉文蓋地名或曰尉官文名謂以尉文所食之地以封廉頗也古文質略文省耳【正義】尉文蓋蔚州地也信平廉頗號也燕王令丞相栗腹約驩以五百金
爲趙王酒還歸報燕王曰趙氏壯者皆死長平其孤未壯可伐也王召昌國君樂閒而問之對曰趙四戰之國也其民

趙世家

金

十里地理志云綸氏屬潁川郡按既攻緱氏藺二邑合相近恐綸緱聲相似字遂音而轉作藺拔之四十七年秦使左庶長王齕【集解】齕案音紇攻韓取上黨上黨民走趙趙軍長平【集解】徐廣曰在泫氏【索隱】地理志泫氏今在上黨郡也【正義】長平故城在澤州高平縣西北一里也以按據上黨民【索隱】謂屯兵長平以據援上黨四月齕因攻趙趙使廉頗將趙軍士卒犯秦斥兵【索隱】謂犯秦之斥候兵也秦斥兵斬趙裨將茄【索隱】音加裨將名六月陷趙軍取二鄣四尉【索隱】鄣堡城尉官也【正義】括地志云趙鄣故城一名都尉城今名趙東城在澤州高平縣西二十五里又有故穀城此二城即二鄣也七月趙軍築壘壁而守之秦又攻其壘取二尉敗其陣【集解】徐廣曰一作乘奪西壘壁【正義】趙西壘在澤州高平縣北六里是也即廉頗堅壁以待秦王齕奪趙西壘壁者廉頗堅壁以待秦秦數挑戰【正義】數音朔挑田鳥反趙兵不出趙王數以爲讓而秦相應侯又使人行千金於趙爲反間【正義】紀莧反曰秦之所惡獨畏馬服子趙括將耳廉頗易與且降矣趙王既怒廉頗軍多失亡軍數敗又反堅壁不敢戰而又聞秦反間之言因使趙括代廉頗將以擊秦秦聞馬服子將乃陰使武安君白起爲上將軍而王齕爲

嘉幣

公孫杵臼曰立孤與死孰難程嬰曰死易立孤難耳公孫杵臼曰趙氏先君遇子厚子彊爲其難者吾爲其易者請先死乃二人謀取他人嬰兒負之衣以文葆（集解徐廣曰小兒被保）匿山中程嬰出謬謂諸將軍曰嬰不肖不能立趙孤誰能與我千金吾告趙氏孤處諸將皆喜許之發師隨程嬰攻公孫杵臼杵臼謬曰小人哉程嬰昔下宮之難不能死與我謀匿趙氏孤兒今又賣我縱不能立而忍賣之乎抱兒呼曰天乎天乎趙氏孤兒何罪請活之獨殺杵臼可也諸將不許遂殺杵臼與孤兒諸將以爲趙氏孤兒良已死皆喜然趙氏眞孤乃反在程嬰卒與俱匿山中

趙世家

王以奉越後東越閩君皆其後也范蠡〔集解〕太史公曰素王妙論曰蠡南陽人列仙傳云蠡徐人〔正義〕吳越春秋云蠡字少伯乃楚宛三戶人也越絕云在越爲范蠡在齊爲鴟夷子皮在陶爲朱公又云居楚曰范伯謂大夫種曰三王則三皇之苗裔也五伯乃五帝之末世也天運曆紀千歲一至黃帝之元執辰破巳霸王之氣見於地戶伍子胥以是挾弓矢干吳王於是要大夫種入吳此時馮同相與共戒之伍子胥在自餘不能關其辭蠡曰吳越二邦同氣共俗地戶之位非吳則越乃入越越王常與言盡日方退事越王勾踐既苦身戮力與勾踐深謀二十餘年竟滅吳報會稽之恥北渡兵於淮以臨齊晉號令中國以尊周室勾踐以霸而范蠡稱上將軍還反國范蠡以爲大名之下難以久居且勾踐爲人可與同患難與處安爲書辭勾踐曰臣聞主憂臣勞主辱臣死昔者君王辱於會稽所以不死爲此事也今既以雪恥臣請從會稽之誅勾踐曰孤將與子分國而有之不然將加誅于子范蠡曰君行令臣行意乃裝其輕寶珠玉自與其私徒屬乘舟浮海以行終不反於是勾踐表會稽山以爲范蠡奉邑〔索隱〕國語云乃環會稽三百里以爲范蠡之地奉音扶用反范蠡浮海出齊變姓名自謂鴟夷子皮〔索隱〕范蠡自謂也以吳王殺子胥而盛以鴟夷今蠡自以有罪故爲號也韋昭曰鴟夷革囊也或曰生牛皮也耕于海畔苦身戮力父子治產居無幾何致產數千萬齊人聞其賢以爲相范蠡喟然歎曰居家則致千金居官則至卿相此布衣之極也久受尊名不祥乃歸相印盡散其財以分與知友鄉黨而懷其重寶間行以去止于陶〔集解〕徐廣曰今之濟陰定陶〔正義〕括地志云陶山在濟州平陰縣東三十五里此此山之陽也今山南五里猶有朱公冢以爲此天下之中交易有無之路通爲生可以致富矣於是自謂陶朱公復約要父子耕畜廢居候時轉物逐什一之利居無何則致貲累巨萬〔集解〕徐廣曰萬萬也天下稱陶朱公朱公居陶生少子少子及壯而朱公中男殺人囚於楚朱公曰殺人而死職也然吾聞千金之子不死於市告其少子往視之乃裝黃金千溢置褐器中載以一牛車且遣其少子朱公長男固請欲行朱公不聽長男曰家有長子曰家督今弟有罪大人不遣乃遣少弟是吾不肖欲自殺其母爲言曰今遣少子未必能生中子也而先空亡長男奈何朱公不得已而遺長子爲一封書遺故所善莊生〔索隱〕嫌其時代非莊周也然驗其行事非子休而誰能信任於楚王乎〔正義〕年表周元王四年越滅吳范蠡遂去齊歸定陶後遺莊生金莊周與魏惠王周元王同時從周元王四年至齊宣王元年一百三十年此莊生非莊子曰至則進千金于莊生所聽其所爲慎無與爭事長男既行亦自私齎數百金至楚莊生家負郭披藜藿到門居甚貧然長男發書進千金如其父言莊生曰可疾去矣慎毋留

即弟出勿問所以然長男既去不過莊生而私留以其私齎獻遺楚國貴人用事者莊生雖居窮閻然以廉直聞於國自楚王以下皆師尊之及朱公進金非有意受也欲以成事後復歸之以爲信耳故金至謂其婦曰此朱公之金有如病不宿誡後復歸勿動而朱公長男不知其意以爲殊無短長也莊生閒時入見楚王言某星宿某此則害於楚楚王素信莊生曰今爲奈何莊生曰獨以德爲可以除之楚王曰生休矣寡人將行之王乃使使者封三錢之府〔集解〕國語曰周景王時將鑄大錢賈逵說云虞夏商周金幣三等或赤或白或黃黃爲上幣銅錢爲下幣韋昭曰錢者金幣之名所以貿買物通財用也單穆公云古者有母平子子權母而行然則三品之來古而然矣駰謂楚之三錢賈韋之說近之　楚貴人驚告朱公長男曰王且赦曰何以也曰每王且赦常封三錢之府昨暮王使使封之〔集解〕駰案或曰王且赦常封三錢之府者錢幣至重慮人或逆知有赦盜竊之所以封錢府備盜竊也漢靈帝時河內張成能候風角知將有赦教子殺人捕得七日赦出此其類也　朱公長男以爲赦弟固當出也重千金虛棄莊生無所爲也乃復見莊生

紀年

夫牟辛[集解]徐廣曰一作夫人[索隱]牟辛大夫姓字也徐廣與年表並作夫人王劭按紀年云齊宣公十一年殺其君母宣王八年殺其王后然則夫人之字或如紀年之說三十五年公孫閱又謂成侯忌曰公何不令人操十金卜於市曰我田忌之人也吾三戰而三勝聲威天下欲爲大事亦吉乎不吉乎卜者出因令人捕爲之卜者驗其辭於王之所田忌聞之因遂率其徒襲攻臨淄求成侯不勝而奔[索隱]按戰國策田忌前敗魏於馬陵因被讒不得入齊歷十年乃出奔也

田敬仲完世家

金

安
得穆穆補一郡之差也緣當歲鐵錢
可推收那些錢的數可万同共千三十月
為何仍尋粗与祝要共共得錢料憐

夫糶二十病農九十病末（索隱言米賤則農人病也故云病農若米斗直九十則商賈病故云病末末謂逐末爲商賈也）末病則財不出農病則草不辟矣上不過八十下不減三十則農末俱利平糶齊物關市不乏治國之道也積著之理（索隱著音竹呂反）務完物無息幣（索隱久停息貨

金

米價

金

縣令長七十二人賞一人誅一人奮兵而出諸侯振驚皆還齊侵地威行三十六年語在田完世家中威王八年楚大發兵加齊齊王使淳于髡之趙請救兵齎金百斤車馬十駟淳于髡仰天大笑冠纓索絶【索隱】案索訓盡言冠纓盡絶也孔衍春秋後語亦作冠纓盡絶也王曰先生少之乎髡曰何敢王曰笑豈有說乎髡曰今者臣從東方來見道傍有禳田者【索隱】案謂爲田求福禳操一豚蹄酒一盂而祝曰甌窶滿篝【集解】徐廣曰篝籠也【索隱】案甌窶猶杯樓也窶音如婁古字少耳言豐年收掇易可滿篝籠也【正義】窶音樓篝音溝籠也甌樓謂高地狹小之區得滿篝籠也汙邪滿車【集解】司馬彪曰汙邪下地田也【索隱】謂下田之中有薪可滿車【正義】汙音烏五穀蕃熟穰穰滿家臣見其所持者狹而所欲者奢故笑之於是齊威王乃益齎黃金千鎰白璧十雙車馬百駟髡辭而行至趙趙王與之精兵十萬革車千乘楚聞之夜引兵而去

史　滑稽

金

人姓名也胡衍爲蒲謂樗里子曰公之攻蒲爲秦乎爲魏乎爲魏則善矣爲秦則不爲賴矣【集解】駰案賴利也夫衛之所以爲衛者以蒲也【正義】蒲是衛國之都衛今伐蒲入於魏衛必折而從之【索隱】戰國策云今蒲入於秦衛必折而入於魏與此文相反魏亡西河之外【正義】謂同華等州而無以取者兵弱也今幷衛於魏魏必彊魏彊之日西河之外必危矣且秦王將觀公之事害秦而利魏王必罪公樗里子曰奈何胡衍曰公釋蒲勿攻臣試爲公入言之以德衛君樗里子曰善胡衍入蒲謂其守曰樗里子知蒲之病矣其言曰必拔蒲衍能令釋蒲勿攻蒲守恐因再拜曰願以請因效金三百斤曰秦兵苟退請必言子於衛君使子爲南面故胡衍受金於蒲以自貴於衛於是遂解蒲而去還擊皮氏【正義】故城在絳州龍門縣西百四十步魏邑皮氏未降又去昭王七年樗里子卒葬於渭南章臺之東【索隱】

史記樗里子甘茂列傳

金

蘇藩奉到付，核其差額千金以備宗族婚喪初[illegible][illegible]

之[illegible][illegible][illegible][illegible][illegible][illegible][illegible][illegible][illegible]以當金償之已

食

矣如此則霸王之業成矣趙王曰寡人年少立國日淺未嘗得聞社稷之長計也今上客有意存天下安諸侯寡人敬以國從乃飾車百乘。黃。金。千。鎰。白璧百雙。錦繡千純。集解駰案純匹端名周禮曰純帛不過五兩正義按一鎰一金也鄭玄曰一鎰二十四分之一其說各異純音淳高誘注戰國策音屯屯束也又禮鄉射云某賢於某若干純純數也音旋以約諸侯。是時周天子致文武之胙於秦惠王惠王使犀首攻魏禽將龍賈取魏之雕陰且欲東

蘇秦列傳

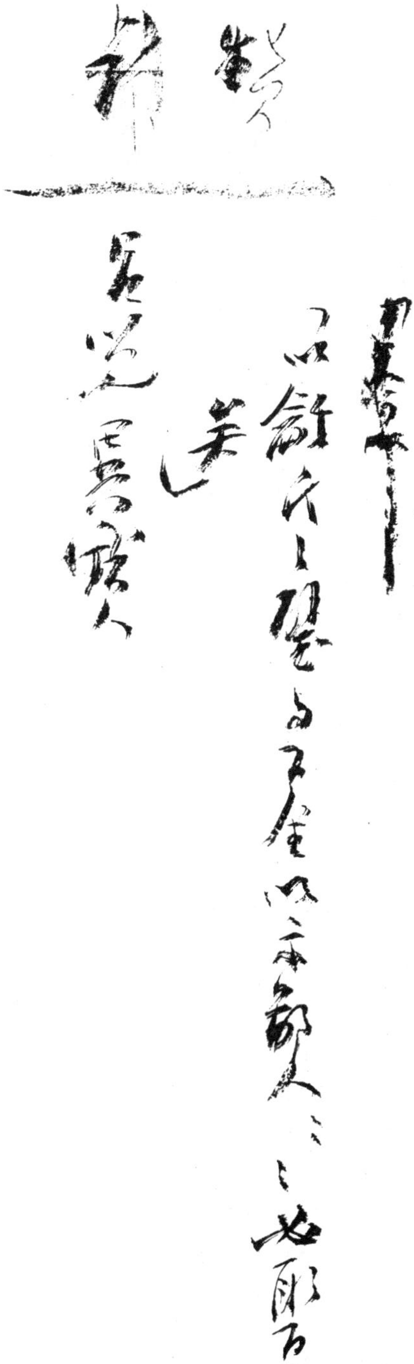

貨幣　卜筮　寶龜

諸侯以龜爲寶以

圭爲瑞家不寶龜不藏圭不臺門言有稱也古者貨貝寶龜大夫以下有貨耳易曰十朋之龜瑞信也諸侯執瑞孤卿以下執摯闍者謂之臺○堵本又作闍音

都又丁古反徐音常邪反【疏】諸侯至稱也○正義曰此一節還明上經稱夾之事也但禮主威儀以尊卑大小多少質文各有所宜其稱非一故從此以下更廣明爲稱之事各依文解之○諸侯以龜爲寶者諸侯有保土之重宜須占

詳吉凶故得以龜爲寶也○以圭爲瑞者圭兼五等玉也諸侯之於天子如天子之於天也天子得天之物謂之瑞故諸

侯受封於天子天子與之玉亦謂爲瑞也書云輯五瑞又云班瑞于羣后是也此云圭不云璧從可知也○家不寶龜者

家卿大夫也大夫卑輕不得寶龜故臧文仲居蔡爲僭也○不藏圭者卿大夫不得執玉故不得藏圭○不臺門者兩邊

築闍爲基基上起屋曰臺門諸侯有保捍之重故爲臺門而大夫輕故不得也言有稱者結上得與不得各有所稱○注

古者至之臺○正義曰言古者貨貝以貝爲貨若今之用錢爲貨也貝有五種按食貨志王莽作金銀龜貝錢布之品名

曰寶貨大貝四寸八分以上二枚爲一朋直二百一十六文壯貝三寸六分以上二枚爲一朋直五十文么貝二寸四分

以上二枚爲一朋直三十文也小貝一寸二分以上二枚爲一朋直十文也○不盈寸二分漏度不得爲朋率枚直錢三

文是爲貨貝五品又以龜爲寶故云古者貨貝寶龜云易曰十朋之龜者按損卦六五爻云或益之十朋之龜鄭注引爾

雅云一曰神龜郭注此當龜以爲畜在宮沼者二曰靈龜注云今江東所用卜龜黃靈黑靈者此蓋與天龜靈屬一也三

曰攝龜注云以腹甲翕然攝歛頭閉藏之即當周禮地與四方之龜知者以皆有奄歛之義故也四曰寶龜即遺我大寶

諸侯以圭龜爲寶，家不寶龜，不藏圭——三正記白虎通存龜者也。

古時貨只寶龜，大夫以下有貨耳。

臺門

十朋之龜

龜及衆記曰青黑緣者天子之寶龜及公羊定公八年龜青純皆是也五曰文龜注甲有文采者河圖云靈龜負書丹甲
青文是也言靈者直是神龜之義非天龜也六曰筮龜注云常在著叢下者七曰山龜八曰澤龜九曰水龜十曰火龜注
此皆說龜所生處也大凡神靈之寶文攝唯五體而已家語臧氏家有守龜名曰蔡文仲三年爲一兆武仲三年而爲二兆
孺子容三年而爲三兆此云家不寶龜按三正記白虎通天子之龜尺二寸諸侯一尺大夫八寸者彼謂卜龜士亦有龜
故士喪禮卜宅是也龜出於蔡故得以爲名也臣瓚注漢書云蔡龜名非也臧氏又有僂句故左氏昭二十五年傳云僂
句不余欺是也食貨志云元龜尺二寸直二千一百六十爲大貝十朋公龜九寸以上直五百爲壯貝十朋侯龜七寸以
上直三百爲幺貝十朋子龜五寸以上直百爲小貝十朋此等皆
爲一貝有十朋與十朋之龜義同也云闈者謂之㙋爾雅釋宮文

代
郡

丁壽存全之功積合為之勳率相過直
三千餘萬之
據北方全丹蓋勳而已

貨幣

邦布
布即泉
泉之歷史
王莽泉之存于鄭康成注
王莽名泉之新服
周禮貨賄字長以紀會同軍旅財用地
齎資同字

外府掌邦布之入出以共百物而待邦之用凡有灋者布泉也布讀爲宣布之布其藏曰泉其行曰布取名於水泉其流行無不徧入出謂受之復出之共百物者或作之或買之待猶給也有法百官之公用也泉始蓋一品周景王鑄大泉而有二品後數變易不復識本制至漢惟有五銖久行王莽改貨而異作泉布多至十品今存於民間多者有貨布大泉貨泉貨布長二尺五寸廣寸首長八分有奇廣八分其圜好徑二分半足枝長八分其右文曰貨左文曰布重二十五銖直貨泉二十五大泉徑一寸二分重十二銖文曰大泉直十五貨泉貨泉徑一寸重五銖右文曰貨左文曰泉直一也○徧古遍字下同復扶又反徐音服數音朔奇紀宜反枝字一音奇【疏】外府至灋者○釋曰云掌邦布之入出者邦者國也布如泉也謂國之所有泉皆來入外府是其邦布之入也國之用泉者皆外府出與之是邦布之出也故揔云邦布之入出此言與下爲目云以共百物者謂共國家器物之泉也而待邦之用者謂國家非常所用亦出泉與之也凡有灋者謂在朝官府依常法用之者亦出泉與之○注布泉至一也○釋曰布泉也者此言布地官泉府云泉是布泉一也云布讀爲宣布之布者此謂

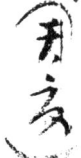

如秋官布憲彼布是宣布之布此布亦是宣布故讀從之云其藏曰泉其行曰布者此鄭欲解泉布一物兩名之意地官泉府不言外不言布據其所藏爲名此官言外言布取名於其流行於外爲稱故鄭即云取名於水泉其流行無不徧無不徧即布之義也云共百物者或作之或買之者或作之謂出物使百工所營作或買之以充國用也云泉始蓋一品者即此經泉布是也云周景王已下並漢書食貨志文案彼周景王時患泉輕將更鑄大泉單穆公曰不可王不聽鑄大泉文曰寶貨漢興爲秦泉重難用更令民鑄榆莢錢至孝文有司言榆莢三銖輕易姦詐請鑄五銖至王莽居攝變漢制更造大泉徑寸二分重一十二銖文曰大泉直五十又造契刀形如錢直五百又造錯刀以黄金錯其文曰一刀直直五千與五銖錢凡四品並行至莽即眞罷五銖錢更作泉布多至十品其中有大布次布弟布壯布中布差布厚布幼布公布小布是爲貨十品也其泉十品者莽居攝作大泉錯刀契刀即眞作小錢幺錢幼錢中錢壯錢元鳳年更造貨布與貨錢爲十品莽以劉有金刀罷契刀錯刀若然鄭云後數變易不復識舊本制者據秦漢至莽已前而言也云雖有五銖久行者從漢孝文作五銖錢至莽世數既多故云久行也云今存於民間多者有貨布大泉已下者是從莽至漢末鄭君時見行此三者故云今存於民間也案彼文其貨布直云長二寸五分廣寸首長八分圜好徑二分無有奇廣八分半足支長八分等十一字今鄭言之者此並鄭言目所覩見以義增之耳又案彼大泉直五十不云五十言十五者亦誤當從五十爲正也且王莽之大泉蓋與景王所鑄大泉亦異也

共王及后世子之衣服之用凡祭祀賓客喪紀會同軍旅共其財用之幣齎賜予之財用齎行道之財用也聘禮曰問幾月之齎鄭司農云齎或爲資今禮家定齎作資玄謂齎資同耳其字以齊次爲聲從貝變易古字亦多或○齎音咨注同一音祖係反幾徐舉豈反【疏】共王至財用○釋曰從王至軍旅所須財用皆外府供其泉也云幣齎之財用謂王使公卿已下聘問諸侯之行道所用則曰幣齎云賜予之財用者謂王於羣臣有所恩好賜予之也○注齎行至多或○釋曰問幾月之齎者案聘禮記使者既受行出遂見宰問幾月之資注云資行用也古者君臣謀密草創未知所之遠近問行用當知多少而已是其問幾月之資鄭司農云齎或爲資今禮家定齎作資者齎資義一何得言禮家定作資故後鄭不從齎資兩字直是齊次爲聲從貝變易耳

凡邦之小用皆受焉皆來受【疏】凡邦至受焉○釋曰但外府所納泉布所積既少有小用則給之若大用則取餘府

歲終則會唯王及后之服不會【疏】歲終至不會○釋曰言王及后不會以衣服異於膳羞與所加禽獸故通世子可以會之也

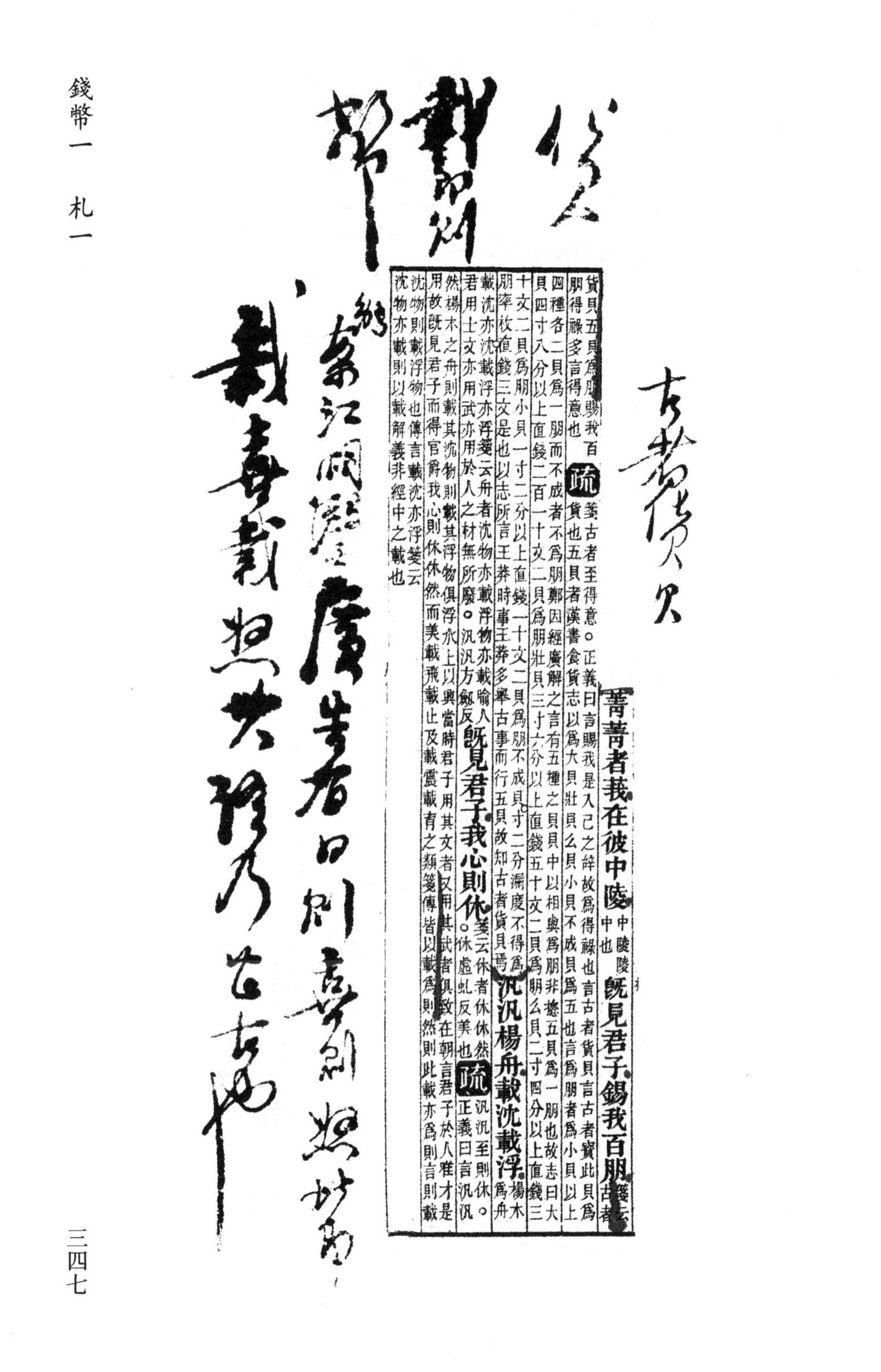

菁菁者莪在彼中陵中陵陵中也既見君子錫我百朋箋云古者貨貝五貝爲朋賜我百朋得祿多言得意也

疏箋古者至得意。正義曰言賜我是入己之辭故爲得祿也言古者貨貝言古者寶此貝爲貨也五貝者漢書食貨志以爲大貝壯貝幺貝小貝不成貝爲五也言爲朋者爲小貝以上四種各二貝爲一朋而不成者不爲朋鄭因經廣解之言有五種之貝貝中以相與爲朋非摠五貝爲一朋也故志曰大貝四寸八分以上直錢二百一十文二貝爲朋壯貝三寸六分以上直錢五十文二貝爲朋幺貝二寸四分以上直錢三十文二貝爲朋小貝一寸二分以上直錢一十文二貝爲朋不成貝寸二分漏度不得爲朋率枚直錢三文是也以志所言王莽時事王莽多舉古事而行五貝故知古者貨貝焉

汎汎楊舟載沈載浮楊木爲舟載沈亦沈載浮亦浮箋云舟者沈物亦載浮物亦載喻人君用士文亦用武亦用於人之材無所廢。汎汎方劒反既見君子我心則休箋云休者休休然。休虛虯反美也

疏汎汎至則休。正義曰言汎汎然楊木之舟則載其沈物則載其浮物俱浮水上以興當時君子用其文者又用其武者俱致在朝言君子於人惟才是用故既見君子而得官爵我心則休休然而美載飛載止及載震載育之類箋傳皆以載爲則然則此載亦爲則言則載沈物則載浮物也傳言載沈亦浮箋云沈物亦載則以載解義非經中之載也

貨幣 上

貝玉

盤庚中：茲予有亂政同位，具乃貝玉。[illegible]

[illegible]

勉案：此貝玉並言，可見[illegible]用金銅也。已為正式之貨矣。

說文宀部：寶，珍也。从宀从玉貝，缶聲。寚，古文寶省貝。廣韻以古文作[illegible]

貨幣（札書）

貝古者以爲貨江水出焉

飯含

貝三實于笲 貝水物古者以爲貨江水出焉笲竹器名 疏 ○注貝水至器名○釋曰自此盡夷槃可也論陳飯含沐浴器物之事此云貝三下云稻米則士飯含用米貝古檀弓云飯用米貝亦據士禮也案喪大記云君沐粱大夫沐稷士沐粱鄭云士喪禮沐稻此云士沐粱蓋天子之士也飯與沐米同則天子之士飯用粱大夫用稷諸侯用粱鄭又云以差率而上之天子沐黍與則飯亦用黍可知但士飯用米不言兼有珠玉大夫以上飯時兼用珠玉也雜記云天子飯九貝諸侯七大夫五士三鄭注云此蓋夏時禮也周禮天子飯含用玉案典瑞云大喪共飯玉含玉雜記云含者執璧彼據諸侯而用璧嗜大夫含無文哀十一年左氏傳云公會吳子伐齊陳子行命其徒具含玉示必死者春秋時非正法若趙簡子云不設屬椑之類文。五年王使榮叔歸含且賵何休云天子以珠諸侯以玉大夫以璧士以貝春秋之制也禮緯稽命徵云天子飯以珠含竟未聞周大夫所用以玉蓋亦異代法云貝水物者按書傳云紂囚文王散宜生等於江淮之間取大貝如車渠以獻于紂遂放文王是貝水物出江水也又云古者以爲貨者漢書食貨志云五貝爲朋又云有大貝壯貝之等以爲貨用是古者以爲貨也知笲是竹器名者以其字從竹又昏禮云夫人使下大夫勞以二竹簋方其實棗蒸栗婚禮婦見舅姑執笲以盛棗栗此雖盛貝不盛棗栗其笲並竹器也

士喪禮（儀禮注疏）

幣價

桓公問於管子曰今事戟十萬薪菜之靡日虛十里之衍頓戟一譟而靡幣之用日去千金之積久之且何以待之管子對曰粟賈平四十則金賈四千粟賈釜四十則鍾四百也十鍾四千也二十鍾者為八千也金賈四千則二金中八千也然則一農之事終歲耕百畝百畝之收不過二十鍾一農之事乃中二金之財耳故粟重黃金輕黃金重而粟輕兩者不衡立故善者重粟之賈釜四百則是鍾四千也十鍾四萬二十鍾者八萬金賈四千則是十金四萬也二十金者為八萬故發號出令曰一農之事有二十金之筴然則地非有廣狹國非有貧富也通於發號出令審於輕重之數然

輕重甲 130

錢幣

物之所生視歲之滿虛而輕重其祿然後千乘可足也萬乘之國守歲之滿虛乘民之緩急正其號令而御其大准然後萬乘可資也玉起於禺音虞氏金起於汝漢珠起於赤野東西南北距周七千八百里水絕壤斷舟車不能通先王為其途之遠其至之難故託用於其重以珠玉為上幣以黃金為中幣以刀布為下幣三幣握之則非有補於煖也食之則非有補於飽也先王以守財物以御民事而平天下也

令人君籍求於民令曰十日而具則財物之賈什去一令曰八日而具則財物之賈什去二令曰五日而具則財物之賈什去半朝令而夕具則財物之賈什去九先王知其然故不求於萬民而籍於號令也

94　同

桓公曰魯梁之於齊也千穀也蠭螫也齒之有脣也（蠭古蜂字螫音尸亦反言魯梁二國常為齊患也）今吾欲下魯梁何行而可管子對曰魯梁之民俗為綈（徒奚反繒之厚者謂之綈）公服綈令左右服之民從而服之公因令齊勿敢為必仰於魯梁則是魯梁釋其農事而作綈矣桓公曰諾即為服於泰山之陽（魯梁二國在泰山之南故為服於此近其境也欲魯梁人速知之）十日而服之管子告魯梁之賈人曰子為我致綈千匹賜子金三百斤什至而金三千斤則是魯梁不賦於民財用足也魯梁之君聞之則教其民為綈十三月而管子令人之魯梁魯梁郭中之民道路揚塵十步不相見絏繑而踵相隨（絏繑謂連續也絏息列反繑丘喬反）車轂齺騎連伍而行（齺齺也士角反言其車轂往來相齺而騎東西連而行皆鬻綈利耳）管子曰魯梁可下矣公曰奈何管子對曰公宜服帛率民去綈閉關毋與魯梁通使公曰諾後十月管子令人之魯梁魯梁之民餓餒相及（相及猶相繼也）應聲之正無以給上（應聲之正謂急速之賦正音征）魯梁之君即令其民去綈修農穀不可以三月而得魯梁之人糴十百（穀斗千錢）齊糴十錢（穀斗十錢）二十四月魯梁之民歸齊者十分之六三年魯梁之君請服

146

此策最謬悠不可欺三尺童子輕重篇中說多類此其為攙書無疑

白徒之卒鑄莊山之金以為幣重萊之柴賈萊君聞之告左右曰金幣者人之所重也柴者吾國之奇出也以吾國之奇出盡齊之重寶則齊可并也萊即釋其耕農而治柴管子即令隰朋反農二年桓公止柴萊莒之糴三百七十齊糶十錢萊莒之民降齊者十分之七二十八月萊莒之君請服

桓公問於管子曰楚者山東之強國也其人民習戰鬭之道舉兵伐之恐力不能過兵弊於楚功不成於周為之柰何管子對曰即以戰鬭之道與之矣公曰何謂也管子對曰公貿買其鹿桓公即為百里之城使人之楚買生鹿楚生鹿當一而八萬管子即令桓公與民通輕重藏穀什之六令左司馬伯公將白徒而鑄錢於莊山令中大夫王邑載錢二千萬求生鹿於楚楚王聞之告其相曰彼金錢人之所重也國之所以存明王之所以賞有功禽獸者羣害也明王之所棄逐也今齊

此本涂上有内字

以其重寶貲買吾羣害則是楚之福也天且以齊私楚也子告吾民急求生鹿以盡齊之寶楚民即釋其耕農而田鹿管子告楚之賈人曰子為我致生鹿二十賜子金百斤什至而金千斤也則是楚不賦於民而財用足也楚之男子居外女子居涂隰朋教民藏粟五倍楚以生鹿藏錢五倍管子曰楚可下矣公曰奈何管子對曰楚錢五倍其君且自得而修穀錢五倍是楚强也桓公曰諾因令人閉關不與楚通使楚王果自得而修穀穀不可三月而得也楚糴四百齊因令人載粟處芊之南楚人降齊者十分之四三年而楚服

桓公問於管子曰代國之出何有管子對曰代之出狐白之皮公其貴買之管子曰狐白應陰陽之變六月而壹見公貴買之代人忘其難得喜其貴買必相率而

幣價

「馬之平價萬也，金之平價萬也」

管子揆度

「戰茈之三萬六千鍾ゝゝゝ乃使以令鄰，以藏金萬一千條也」

五斤十斤金半

粟價金價

又今車戰十萬節

「經藏之組二萬の千金」

輕重乙

幣價

之毁成。小曰室大曰廡音武是使人毁壞廬室以六畜籍謂之止生。畜許救反是使人不蕃牧養也以田畝籍謂之禁耕。是止其耕稼也以正人籍謂之離情。正數之人若丁壯也離情謂離心也以正戶籍謂之養贏。贏謂大賈蓄家也正數之戶既被其籍則至浮浪為大賈蓄家之所役屬增其利耳五者不可畢用。故王者徧行而不盡也。故天子籍於幣。諸侯籍於食。中歲之穀糶石十錢。大男食四石。月有四十之籍。大女食三石。月有三十之籍。吾子食二石。月有二十之籍。歲凶穀貴。糶石二十錢。則大男有八十之籍。大女有六十之籍。吾子有四十之籍。按古之石準今之三斗三升三合平歲每石稅十錢凶歲稅二十錢者非必稅其人謂於操事輕重之間約收其利也是人君非發號令收嗇而戶籍也。彼人君守其本委謹。而男女諸君吾子無不服籍者也。嗇歛也委所委積之物也謹嚴也言人君不用下令稅歛於人但嚴守利途輕重在我則無所逃其稅也一人廩食。十人得餘。十人廩食。百人得餘。百人廩食。千人得餘。夫物多則賤。寡則貴。散則輕。聚則重。人君知其然。故視國之羨不足而御其財物。穀賤則以幣予

埽葉山房石印

貨幣

古者以金一斤若今萬錢

監本附音春秋公羊注疏隱公卷三 起五年盡十一年

何休學

五年春公觀魚于棠何以書譏何譏爾遠也公曷爲遠而觀魚據浚洙也○觀魚左氏作矢魚浚思俊反洙常朱反疏注據浚洙也○解云莊九年冬浚洙傳曰洙者何水也浚之者何深之也曷爲深之畏齊也注云洙在魯北齊所由來然則近國北自有洙水何故遠至棠地而觀魚乎故難之登來之也登讀言得來得來之者齊人語也齊人名求得爲得來作登來者其言大而急由口授也○登來依注登音得疏注得來至語也○解云齊人名求得爲得來而云此者謂齊人急語之時得聲如登矣○注由口授也○解云謂高語之時猶言得來之至著竹帛時乃作登字故言由口授矣百金之魚公張之解言登來之意也百金猶百萬也古者以金重一斤若今萬錢矣張謂張罔罟障谷之屬也○罟音古鄭之尚反又音章疏注解言至意也○解云正以價直百金故言得來之○注障谷之屬也○解云傳三年傳云桓公曰無障谷云是也登來之者何弟子未解其言大小緩急故復問之○解戶買反或佳買反故復扶又反不得復同美大之之辭也其言大而急者美大多得利之辭也實譏張魚而言觀譏遠者恥公去南面之位下與百姓爭利匹夫無異故諱使若以遠觀爲譏也諸諱主書者從實也觀例時從行賤略之疏注觀例時○解云莊二十三年夏公如齊觀社及此是也彼此非禮故言從行賤略之棠者何濟上之邑也濟者四瀆之別名江河淮濟爲四瀆○濟上子禮反注同濟水之上疏棠者何○解云正以棠非水名而於之觀魚故執不知問○注江河至四瀆○解云即釋水云江河淮濟爲四瀆四瀆者發源注海者也○夏四月葬衛桓公疏夏四至桓公○解云即上三年傳云過時而不日謂之不能葬也何氏云解緩不能以時葬夏

武寧盧氏宣旬校定

[illegible]

鍊金

精書説始於劉王莽古秦參

[illegible]
刑法雖詳
有斷指之
罪斷首之
罪斷足之
罪充滿於
獄使不致
枉法雖善
而民猶不
服蓋謂古
人法簡而
治今人法
詳而不治
也
大昏謂甚
昏昧也博
夜後夜也
謂長不明
所以甚

也。夜謂暗昧之行也令人主至於大昏者則以博夜為事故也問曰與時化若何。謂度時興化其理若何也莫善於侈靡。侈靡謂珠玉之用也管氏以為珠玉者飢不可食寒不可衣然時共貴之君若不重不重則強者守之以招人故度時與化莫若重珠玉以為侈靡賤有實敬無用則人可刑也。有實謂穀帛可貴而賤之無用謂珠玉可賤而敬之若此則人之賢不肖可刑也故賤粟米而如敬珠玉。好禮樂而如賤事業本之始也。言粟常人賤之賢者貴之如常人之敬珠玉末業常人貴之賢人賤之今則賢者之好禮樂如常人貴末業若此者可謂務本之始珠者陰之陽也。故勝火。珠生於水而有光鑑故為陰之陽以向日則火烽故勝火玉者陰之陰也。故勝水。玉生於山而藏於山故為陰之陰以向月則水流故勝水其化如神。言珠玉能致水火故曰如神也故天子藏珠玉。諸侯藏金石。大夫畜狗馬。百姓藏布帛。不然則強者能守之。智者能收之。賤所貴而貴所賤。粟米可貴而賤之珠玉可賤而貴之不然鰥寡獨老不與得焉。均之始也。君不貴而藏之則利歸於強智雖矜鰥寡獨老無所與之令藏之者所以賑貧乏故為均之始

管子侈靡

定數也。傳扑榎至撻之。正義曰學記云榎楚二物以收其威鄭玄云榎稻也楚荆也二物可以扑撻犯禮者知扑是榎楚也既言以收其威知不勤道業則撻之益稷云撻以記之又大射鄉射皆云司馬搢扑則扑亦官刑惟言作教刑者官刑鞭扑俱用教刑惟扑而已故屬扑於教其實官刑亦當用扑蓋重者鞭之輕者撻之。傳金黄至贖罪。正義曰此以金爲黄金呂刑其罰百鍰傳爲黄鐵俱是贖罪而金鐵不同者古之金銀銅鐵揔號爲金別之四名耳釋器云黄金謂之璗白金謂之銀是黄金白銀俱名金也周禮考工記攻金之工築氏爲削冶氏爲殺矢鳧氏爲鍾桌氏爲量段氏爲鎛桃氏爲劍其所爲者有銅有鐵是銅鐵俱名爲金則鐵名亦包銅矣此傳黄金呂刑黄鐵皆是今之銅也古之贖罪者皆用銅漢始改用黄金但少其斤兩令與銅相敵故鄭玄駁異義言贖死罪千鍰鍰六兩大半兩爲四百一十六斤十兩大半兩銅與金贖死罪金三斤爲價相依附是古贖罪皆用銅也實謂銅而謂之金鐵知傳之所言謂銅爲金鐵耳漢及後魏贖罪皆用黄金後魏以金難得合金一兩收絹十匹今律乃復依古死罪贖銅一百二十斤於古稱爲三百六十斤孔以鍰爲六兩計千鍰爲三百七十五斤今贖輕於古也誤而入罪出金以贖即律過失殺傷人各依其狀以贖論是也呂刑所言疑赦乃罰者即今律疑罪各從其實以贖論是也疑謂虛實之證等是非之理均或事涉疑似旁無證見或雖有證見事非疑似如此之類言皆爲疑罪疑而罰贖呂刑已用言誤而輸贖於文不顯故此傳指言誤而入罪以解此贖鞭扑加於人身可云扑作教刑金非加人之物而言金作贖刑出金之與受扑俱是人之所患故得指其所出以爲刑名。傳眚過至殺之。正義曰春秋言肆眚者皆謂緩縱過失之人是肆爲緩也眚爲過也公羊傳云害物曰災是爲害也宣二年左傳晉侯殺趙盾使鉏麑賊之是賊爲殺也此經二句承上典刑之下揔言用刑之罪過而有害雖據狀合罪而原心非故如此者當緩赦之小則恕之大則宥之上言流宥贖刑是也怙恃姦詐欺罔時人以此自終無心改悔如此者當刑殺之小者刑之大者殺之上言典刑及鞭扑皆是也經言賊刑傳云刑殺不順經文者隨便言之。傳舜陳至得中。正義曰此經二句舜之言也不言舜曰以可知而略之舜既制此典刑又陳典刑之義以勑天下百官使敬之哉敬之哉惟刑之憂哉憂念此刑恐有濫失欲使得中也

裒育同

在君之決塞桓公曰何謂決塞管子曰君不高仁則國不相被君不高慈孝則民簡其親而輕過此亂之至也則君請以國筴十分之一者樹表置高鄉之孝子聘之幣孝子兄弟衆寡不與師旅之事樹表置高而高仁慈孝財散而輕乘輕而守之以筴則十之五有在上運五如行事如日月之終復此長有天下之道謂之准道

桓公問於管子曰請問教數管子對曰民之能明於農事者置之黃金一斤直食八石民之能蕃育六畜者置之黃金一斤直食八石民之能樹藝者置之黃金一斤直食八石民之能樹瓜瓠葷菜百果使蕃衮者置之黃金一斤直食八石民之能已民疾病者置之黃金一斤直食八石民之知時曰歲且阨曰某穀不登曰某

山權數 103

荅咨同

穀豐者置之黄金一斤直食八石民之通於蠶桑使蠶不疾病者皆置之黄金一斤直食八石謹聽其言而藏之官使師旅之事無所與此國筴之者也國用相靡而足相困揲而荅然後置四限高下令之徐疾敺屏萬物守之以筴有五官技桓公曰何謂五官技管子曰詩者所以記物也時者所以記歲也春秋者所以記成敗也行者道民之利害也易者所以守凶吉成敗也卜者卜凶吉利害也民之能

此者皆一馬之田一金之衣此使君不迷妄之數也六家者即見其時使豫先蚤閑之日受之故君無失時無失筴萬物興豐無失利遠占得失以為末教詩記人無失辭行殫道無失義易守禍福凶吉不相亂此謂君棅筆永反說文與柄同桓公問於管子曰權棅之數吾已得聞之矣守國之固奈何曰能皆已官時皆已官得失之數萬物之終始君皆已官之矣其餘皆以數行桓公曰何謂以數行管

為之有道乎。管子對曰：今齊西之粟釜五鍾為釜百泉，則鏂二十也。斗二升八合曰鏂烏侯反泉錢也齊東之粟釜十泉，則鏂二錢也。請以令籍人三十泉，得以五穀菽粟決其籍。若此則齊西出三斗而決其籍，齊東出三釜而決其籍。然則釜十之粟皆實於倉廩，西之民飢者得食，寒者得衣，無本者予之陳，無種者予之新。若此則東西之相被，遠近之準平矣。君下令稅人三十錢，準以五穀，令齊西之人納三斗，東之人納三釜，以賑西之人，則東西俱平矣。管子曰：智用無窮，以區區之齊一匡天下，本仁祖義，成其霸業，所行權術，因機而發，非為常道，故別篇云偏行而不盡也。

埽葉山房石印

輕重丁　139

錢幣

凡物十日束

玄纁之率，玄居三，纁居二

純四只，純幅之廣狹，只八寸

聘禮玄纁束每卷二丈，自餘行禮云束者每卷一丈八尺

制，舒之長短，丈八尺

制幣，每卷丈八尺，合卷爲匹

幣（貨幣）

釋幣制玄纁束奠于几下出 祝釋之也凡物十日束玄纁之率玄居三纁居二朝貢禮云純四只制丈八尺 疏 釋幣至下出○注祝釋至八尺○釋曰知祝釋幣者案曾子問君薨而世子生大祝裨冕執束帛升自西階命無哭告曰某之子生敢告奠幣於殯東則知此亦大祝釋之可知也云凡物十日束者案聘禮玄纁束則每卷二丈自餘行禮云束者每卷一丈八尺爲制幣帛錦十卷者皆名束至於腆十腱亦曰束故云凡物十日束也云玄纁之率玄居三纁居二者言率皆如是也玄三纁二者象天三覆地二也云朝貢禮云純四只制丈八尺者純謂幅之廣狹制謂舒之長短周禮趙商問只長八寸四八三十二幅廣三尺二寸大廣非其度鄭志荅云古積畫誤爲四當爲三三咫則二尺四寸矣雜記云納幣一束束五兩兩五尋然則每卷二丈若作制幣者每卷丈八尺爲制合卷爲四也 主人立于戶東祝立于牖西 少頃之閒示有俟於神 疏 注少頃至於神○釋曰案士虞禮無尸者出戶而聽若食間此無祭事故云有俟於神也 又入取幣降卷幣實于笲埋于西階東 又入者祝也埋幣必盛以器若藏之然

聘禮（儀禮九）

24

昏礼

納幣

納幣一束束五兩兩五尋注納幣謂昏禮納徵也十个爲束貴成數兩兩者合其卷是謂五兩八尺曰尋五兩五尋則每卷二丈也合之則四十尺今謂之匹猶匹偶之云與○儉音孫个古賀反卷音眷徐紀勉反下同與音餘

疏納幣至鬈首○正義曰此一節論昏禮婦見舅姑及女求許嫁加笄分別之事納幣一束者謂昏禮納財幣之時其幣一束謂叶个也束五兩者兩个合爲一卷取配偶之義是束五兩也一兩有四十尺八尺曰尋五八四十是兩五尋也今謂之匹由匹偶也

禮記

錢幣

○君將適他臣如致金玉貨貝於君則曰致馬資於有司敵者曰贈從者適他行朝會也資猶用也贈送也○適宅音他從才用反朝直遥反疏君將至從者○正義曰此一經論臣致物於君及適者之辭前明吉凶相見之禮此以下明吉凶相送遺之禮也此明送吉也君謂已君也適它謂朝會出往它國也○臣如置金玉貨貝於君者如若也君欲往它國而臣若奉獻財物以充君路之資者也金玉貨貝畧舉其槩耳○則曰致馬資於有司者臣雖以物贈君君體尊備物不有乏少故臣不敢言將物與君但恐君行有車馬路中或須資給故云此物以充馬資物不可付馬故云致馬資於有司有司謂主典君物者也○敵者曰贈從者若物送敵者亦不云賵送敵者當言贈於左右從行者也

○臣致襚於君則曰致廢衣於賈人敵者曰襚言廢衣不敢必用斂也賈人知物善惡也周禮玉府掌凡王之獻金玉兵器文織良貨賄之物受而藏之有賈八人○襚音遂賈音嫁徐音估注同欻力艷反織音志鄭注周禮云畫繡之屬疏臣致至曰襚○正義曰此因前送吉此明送凶襚者以衣送死人之稱禮以衣送敵者死曰襚襚者遂彼生時之意也若臣以衣送君死不得曰襚但云致廢衣廢衣者不敢言必充君斂但充以廢致不用之例故云致廢衣也賈人者識物貴賤而主君之衣物者也又不敢云與君故云致賈人也然喪大記云君無襚注云無襚者不陳不以斂敵者曰襚者衣送敵者死既無謙故云襚也○注周禮至八人○正義曰引之者證君有賈人藏獻物也鄭注周禮云文謂物織畫繡之屬也

親者兄弟不以襚進不執將命者以即陳而已疏正義曰此明親者相襚之法進謂執之將命也若非親者相襚則擯者傳辭將進以爲禮節若有親者相襚但直將進即陳之不須執以將命也案士喪禮大功以上同體之親襚不將命即陳於房中小功以下及同姓等皆將命○

臣爲君喪納貨貝於君則曰納甸於有司甸謂田野之物○甸大見反○疏正義曰言臣爲君喪而臣進物納爲獻也納入也甸田也言入此物是自田野之所出合獻入之於君有司也必云田所出者臣皆受君地明地物本由君出也尤是送君故與賈人貨貝但供喪用故付有司也

賵馬入廟門以其主於死者○賵考仲反賻馬與其幣大白兵車不入廟門以其主於生人也兵車革路也雖爲死者來陳之於外戰伐田獵之服非盛者也周禮革路建大白以即

人執以見曰瑞禮神曰器

周官典瑞注

錢幣

錢之最原形貝

田野考古報告頁193
194

蛤貝二殼相合成雙所謂

朋〻之也

錢幣

魯人買之百兩一布　左昭廿六

金

國策(一)4下(二)3上(三)2上—3上(五)5下(六)3上(七)5上(十)3上

(十二)1下3上(十五)1下(十八)4下6下(十九)2下(廿)6下

(廿二)6下(廿六)3上(廿七)4上—5上(廿八)3下(廿九)2上4上5下(卅)3上4下

(卅一)1上2下4上—5上(卅二)1下2張

錢幣

國第廿一、七上